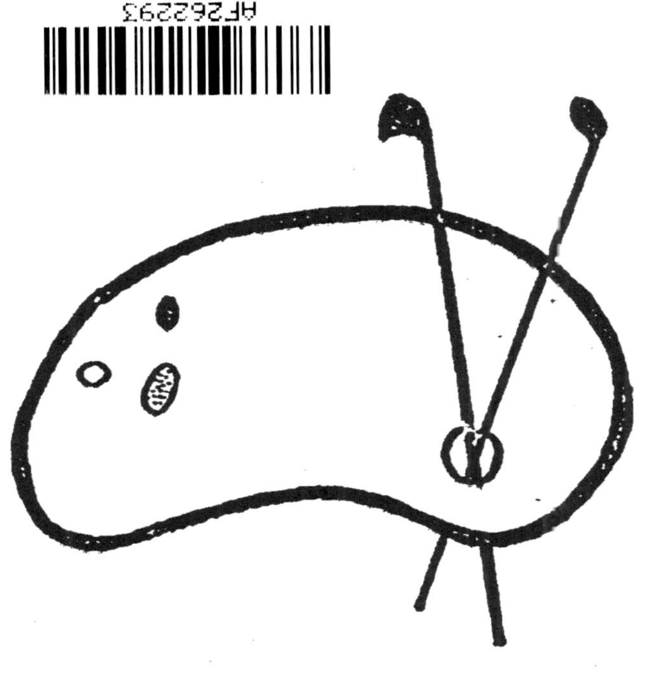

DEBUT D'UNE SERIE DE DOCUMENTS
EN COULEUR

Couverture inférieure manquante

ÉTUDE

SUR

LES TRIBUNAUX DU COMTAT VENAISSIN

PENDANT

la domination des Papes

PAR

CHARLES FOULQUIE

Docteur en Droit

Juge-Suppléant au Tribunal de Nimes

NIMES

IMPRIMERIE COOPÉRATIVE OUVRIÈRE " LA LABORIEUSE "

7, Rue J.-B.-A. Godin, 7.

—

1900

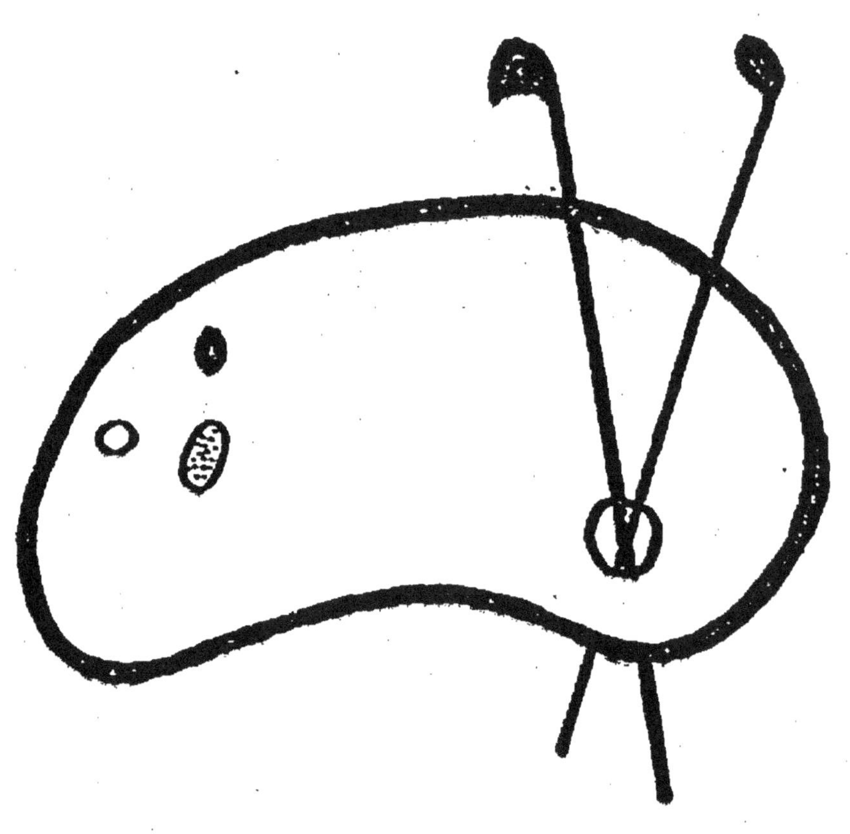

FIN D'UNE SERIE DE DOCUMENTS
EN COULEUR

ÉTUDE

SUR

LES TRIBUNAUX DU COMTAT VENAISSIN

PENDANT

la domination des Papes

PAR

CHARLES FOULQUIÉ

Docteur en Droit

Juge-Suppléant au Tribunal de Nimes

NIMES

IMPRIMERIE COOPÉRATIVE OUVRIÈRE " LA LABORIEUSE "

7, Rue J.-B.-A. Godin, 7.

—

1900

BIBLIOGRAPHIE

ACHARD. — Notes historiques.

D'ARGENSON. — Considérations sur le gouvernement de la France.

D'ASTIER. — Projet de règlement et d'organisation judiciaire du Comtat Venaissin.

BARJAVEL. — Dictionnaire historique, biographique du Vaucluse.

BERTRANDI. — Essai sur les révolutions du droit français.

BONÈT DE SAINT BONÈT. — Commentaires des Statuts du Comté (Bibl. de Carpentras, Coll. Tissot).

CHAMPOLLION-FIGEAC. — Mélanges historiques. Notice de M. Chabaud, sur l'Organisation judiciaire du Comtat.

COTTIER. — Notes sur les Recteurs.

D'EXPILLY. — Dictionnaire des Gaules.

FAUDON. — Essai sur les institutions du Comté et d'Avignon sous les Papes.

GUIZOT. — Essais sur l'Histoire de France.

MARTIN. — Histoire de France.

MANUSCRITS DIVERS de la Bibliothèque de Carpentras (Collection Tissot) et d'Avignon.

RECUEILS DES BULLES DES PAPES, ET RÉGLEMENTS DES VICE-LÉGATS (Bibl. de Carpentras).

STATUTS D'AVIGNON (Coll. d'Inguimbert, Carpentras).

Nous devons à l'obligeance de M. Barcilon, juge à Carpentras, d'avoir pu consulter les notes prises sur cette question intéressante par M. de Villario, ancien président du tribunal de cette ville.

INTRODUCTION

Ce qui s'est passé, de nos jours, ne
« nous a pas rendus étrangers aux souvenirs
» de la patrie. Leur étude demeure toujours
» pleine d'intérêt ; et pourtant, rien n'y gêne
» plus le désintéressement de la pensée, car
» ce n'est point là que résident, maintenant,
» la solution des questions qui nous agitent,
» ni le fondement des droits qui nous sont
» chers. »

(Guizot ; *Essais sur l'histoire de France*).

En 1228, le traité de Paris avait mis fin à la croisade contre les Albigeois, par la spoliation du comte de Toulouse, au profit de la Royauté et de l'Eglise. Il attribuait au Saint-Siège le Comté Venaissin ; mais la possession effective de ce pays par les souverains Pontifes est postérieure à cette date. Jusqu'en 1274, en effet, les empereurs d'Allemagne et le roi de France contestèrent leurs droits, ce ne fut qu'après le concile de Lyon que les Papes devinrent définitivement les maitres de cette riche province, où des circonstances inattendues allaient les amener à transporter leur résidence.

Le 6 juillet 1304, Benoit XI mourait, après quelques mois à peine de pontificat, pendant lesquels une trève avait paru se faire à la lutte soutenue par Boniface VIII contre le roi de France. Lorsqu'il s'agit de donner à Benoit XI un successeur, des dissentiments s'élevèrent dans le conclave et tandis qu'un parti, parmi les Cardinaux, voulait continuer la politique de Boniface VIII et braver Philippe le Bel, une seconde fraction de l'assemblée décidait de se soumettre aux volontés de ce prince.

On était loin de s'entendre, lorsqu'un intrigant, du nom d'Albertini de Prato, exhorta ses collègues à hâter la nomination du Pape et proposa de réunir les suffrages sur la candidature de Bertrand de Goth, l'un des évêques dont

Boniface VIII avait fait des Cardinaux. C'était s'engager ouvertement dans la lutte, et ceux des membres du conclave qui l'avaient résolue étaient définitivement acquis à Bertrand de Goth.

Mais en même temps, Albertini envoyait prévenir le roi de France de ce qui se passait ; il lui conseillait vivement d'essayer de se concilier Bertrand de Goth, en lui promettant sa protection. Le futur Pontife, en effet, était un ambitieux, prêt à tout sacrifier à l'honneur de porter la tiare et dans l'entrevue qu'il eut en Saintonge, avec Philippe le Bel, au monastère de St-Jean-d'Angély, le roi dut être satisfait des dispositions qu'il manifesta. Ils furent vite d'accord : mais on ignore quelles étaient les conditions imposées par Philippe le Bel, en retour de son aide. On prétend qu'il obtint de Bertrand de Goth la condamnation des Templiers et le séjour, en France, de la Cour de Rome.

Quoi qu'il en soit de la première de ces clauses, le successeur de Benoit XI admit sans doute facilement la seconde. Français, n'ignorant pas les désordres qui désolaient, à cette époque, l'Italie, il accueillit avec satisfaction l'obligation de quitter ce pays troublé et de rester en France, où il aurait moins à craindre de tous ces personnages italiens en qui, peut-être, sa confiance était très limitée. D'autre part, le roi tenait à conserver auprès de lui cet ambitieux qui était devenu sa créature.

Fort de sa double qualité de Cardinal de Boniface VIII et de protégé de Philippe-le-Bel, Bertrand de Goth fut élu ; il tint ses promesses. Au moment où le collège des Cardinaux adressait au nouveau Pape, avec ses félicitations, le vœu de le voir rentrer à Rome, le plus tôt possible, l'élu du conclave leur répondait que son intention était de ne point quitter la France. Il séjourna successivement à Poitiers, à Bordeaux, à Toulouse, à Lyon et, quatre ans après son élection, il faisait d'Avignon sa résidence définitive. Peut-être crut-il trouver dans cette ville un abri contre les exigences du roi de France. Elle appartenait d'ailleurs au royaume de Naples, mais elle était voisine du Comtat que les Papes

avaient dans leur domaine et qu'ils sentaient le besoin de
se rattacher plus étroitement, à cause de son éloignement
de Rome.

Durant cinq siècles (1), cette province allait avoir son
existence propre ; ses habitants, comme régnicoles, étaient
admis à jouir des privilèges des Français, en restant, sujets
du Saint-Siège, sous une douce domination.

Tandis que le Midi, ravagé par les guerres de religion, ne
pensait qu'à réparer ses désastres et devenait province con-
quise, après avoir brillé du plus vif éclat dans les lettres et
dans les arts, le Venaissin commençait une ère de tranquil-
lité relative. En cessant d'appartenir aux comtes de Toulouse, batailleurs et trop occupés pour songer à améliorer ses
institutions, il se trouvait soumis, désormais, à une puissance qui s'efforça de ne point heurter ses habitudes, et qui
lui fit connaître les progrès de l'esprit et du goût italiens,
dont le prestige ne fut pas certainement sans exercer, sur ce
pays, une grande fascination.

Quelques années plus tard, le 13 juin 1348, la reine Jeanne,
comtesse de Provence, se voyait contrainte, pour soute-
nir la lutte contre ses sujets de Naples révoltés, d'aliéner au
profit de la Papauté ses droits sur Avignon qu'elle cédait
pour la somme de 80.000 florins, 1.600.000 francs environ
de notre monnaie.

Cette ville devenait la seconde Rome, et dès lors, elle
connut un luxe qu'elle avait jusque-là ignoré. Il entra dans
ses murs, en des chevauchées mémorables, des souverains
de tous pays. A côté des fêtes profanes, les solennités religieuses y furent merveilleusement célébrées, et les premiers
Pontifes qui résidèrent à Avignon virent, lors de leur cou-
ronnement, le fils aîné du roi de France tenir les brides de

(1) Trois fois pendant cette période, le Comtat a été réuni à la France, deux fois
sous Louis XIV, et la troisième sous Louis XV. Il fut toujours rendu au Pape, à bref
délai ; cette manœuvre permettait au roi d'obtenir de la Cour de Rome ce qu'il solli-
citait. Le 12 février 1797, le Venaissin étaient définitivement acquis à la France par
le traité de Tolentino.

leur monture à travers les rues de la cité fière d'obéir à son puissant maître.

La Cour de Rome imprima à la ville un reflet de la cité sainte. Quand on aperçoit de nos jours les cent clochers dont parle Rabelais, avec leurs flèches élégantes et hardies, qui font ressortir la masse sévère et sombre du château-fort où sept tiares s'abritèrent, on ne peut s'empêcher de songer à l'éclat disparu de cette époque.

Les institutions judiciaires qui furent alors établies dans le Comtat nous ont paru particulièrement dignes d'intérêt. L'étude que nous en présentons, n'a d'autre but que de fixer à ce point de vue spécial, la physionomie du Venaissin durant cette période, d'après les documents qui en ont été conservés.

PREMIÈRE PARTIE

LES TRIBUNAUX

La Province pontificale se divisait en deux parties distinctes, et si l'impulsion gouvernementale était la même, dans ces deux petits Etats, s'ils obéissaient également au Pape, ils n'en avaient pas moins leur organisation particulière.

Le premier de ces territoires comprenait Avignon et les campagnes environnantes. Le légat, et, après la disparition de cette haute dignité, le vice-légat y exerçaient la première magistrature.

Dans le second, qui s'appelait le Comté Venaissin, l'autorité supérieure appartenait au recteur. Les Papes comprenant que le défaut d'unité administrative était nuisible à leur gouvernement, encouragèrent le développement de la puissance du vice-légat, ainsi que ses empiètements sur le domaine du recteur. Celui-ci dut même, après Benoît XIV, se soumettre au vice-légat ; mais le Comté n'en continua pas moins à avoir ses statuts spéciaux et ses magistrats.

Les juridictions étaient fort nombreuses, à cette époque. Afin d'assurer aux justiciables des garanties plus sérieuses, il leur était acccordé de choisir, pour une même instance, entre plusieurs tribunaux. Mais l'autorité souveraine était si absolue que le Prince ou ses dignitaires immédiats, le légat et le recteur, pouvaient évoquer les litiges portés devant les magistrats inférieurs et contrarier ainsi la hiérarchie judiciaire. On estimait que la puissance suprême ne devait pas connaître de limites, ni être gênée dans l'exercice de ses volontés, souvent arbitraires.

CHAPITRE PREMIER

Les Tribunaux d'Avignon

Avignon ne comptait pas moins de six tribunaux de droit commun. Il faut y ajouter, avec les juridictions spéciales, celle qui, sous le nom de Congrégation criminelle, connaissa t des infractions les plus graves.

SECTION PREMIÈRE

LES JURIDICTIONS DE DROIT COMMUN

§ 1

Le Tribunal de Saint-Pierre

Appelé d'abord *Curia civium*, ce tribunal était le plus ancien de la cité. Il remontait au XIIe siècle et devait son nom au quartier dans lequel se trouvait son prétoire. Le Saint-Siège le conserva, en prenant possession de cette province, comme l'avaient fait les comtes de Toulouse, lorsqu'elle leur fut attribuée.

Il se composait, dans le principe, de deux juges annuels, dont les magistratures durèrent ensuites deux années. La nomination de ces juges était faite par le Pape et, plus tard par ses représentants directs à Avignon, le légat et le vice-légat. Ils devaient, en outre, être agréés par le Conseil de la ville qui, plusieurs fois, donna l'exemple de son refus quand les magistrats ne remplissaient par les conditions requises par les bulles des Papes ou les statuts d'Avignon.

Ils s'occupaient, l'un, de la juridiction civile, l'autre des affaires criminelles. Au XVIe siècle, ils ne pouvaient être désignés que s'ils avaient 25 ans d'âge et la qualité de docteur ès lois ; au XVIIe siècle, ils devaient avoir, l'un, 25 ans, l'autre, 40, et tous les deux présenter des garanties sérieuses de capacité et d'expérience. Ils étaient renouvelés alternativement et prêtaient, avant d'entrer en charge, le serment de « rendre droit aux citoyens et aux étrangers, « suivant les lois et bonnes coutumes de la ville, sans avoir « égard aux affections et aux inimitiés particulières, prières, « argent, faveurs et menaces, et de s'abstenir entièrement « de présents, excepté ceux permis par les lois. » (1)

Le tribunal de St-Pierre tenait deux audiences par semaine, sous peine d'une amende de deux ducats d'or pour ses membres, qui ne devaient pas s'absenter de leur ville plus de trois jours, même pour affaires personnelles et pressantes, sans autorisation spéciale. Ils statuaient sur les causes civiles et criminelles, en première instance, mais quand l'intérêt de la contestation dépassait trois cents écus, ils prenaient des assesseurs, si les plaideurs l'exigeaient ou si eux-mêmes l'estimaient utile. Des notaires greffiers, au nombre de deux d'abord, puis de douze, assuraient le service du tribunal. Les décisions de ces magistrats étaient portées en appel, devant le viguier et ils étaient, au terme de de leurs fonctions, soumis au syndicat, pratique curieuse et spéciale au Venaissin, laquelle consistait à donner aux justiciables un certain délai pour mettre en accusation, s'il y avait lieu, le juge dont la magistrature était expirée.

§ 2

Le Tribunal du Viguier.

Lorsque la ville d'Avignon n'était pas encore acquise aux Papes, le viguier était le chef des troupes qui occupaient la cité ; il nommait au corps municipal, recevait le serment de ses membres et présidait leurs réunions ; il examinait aussi les appels des jugements rendus par le tribunal de Saint-Pierre.

Ce fonctions multiples furent réduites par les Papes. Le

(1) Chambaud. Champollion-Figeac : Documents inédits sur la Vaucluse. C'est dans cette étude très documentée que nous avons puisé la plupart des détails que nous rapportons sur les tribunaux.

viguier cessa d'être gouverneur militaire et de nommer au corps municipal ; il continua de le réunir, mais seulement sur la demande des consuls. Sa juridiction de première instance se restreignit également au profit du vice-légat qui évoquait à son tribunal les causes les plus importantes. Quant aux appels de la Cour de Saint-Pierre, ils étaient bien portés devant lui, mais comme on n'exigeait du viguier que des qualités d'origine et non de capacité juridique, il fut souvent contraint de désigner, pour juger les procès, un docteur qu'il se substituait. Deux greffiers l'assistaient, l'un au civil, l'autre au criminel.

Il avait, en outre, deux fonctions très importantes : il était chargé de conserver les priviléges de l'Université et jugeait seul les juifs d'Avignon (1).

Le viguier était nommé pour un an, par le légat ou le vice-légat ; il ne pouvait obtenir de nouveau son titre que quatre ans après l'expiration de ses fonctions. Il devait être agréé par le corps municipal qui votait sur son admission et, avant d'entrer en charge, il prêtait le serment devant les consuls, « d'extirper l'hérésie d'Avignon et de son terroir, « de protéger l'Eglise, de conserver la liberté aux citoyens « et de ne pas accepter d'autres présents que ceux autorisés « par la loi : enfin de se soumettre au syndicat » (2).

Les audiences du viguier se tenaient dans le prétoire des juges de Saint-Pierre. Comme eux, il ne pouvait s'absenter, sans autorisation, plus de trois jours ; mais il désignait un lieutenant qui, en son absence, exerçait toutes ses fonctions.

Le viguier était le premier dignitaire de l'ordre temporel : il avait rang immédiat après le vice-légat et l'auditeur général de la légation dont il ne reconnaissait qu'avec peine la préséance. Il marchait ordinairement avec les consuls, dans les cérémonies publiques ; une canne longue, à pomme d'ar-

---

(1) Leur nombre était au xviiie siècle de six cents environs. Ils s'occupaient, d'abord du commerce de la friperie, mais s'adonnèrent, ensuite, à la vente des étoffes et des toiles. Si les écrivains de l'époque leur reconnaissent un grand talent pour le commerce ils ne leur épargnent, pas leur haine et leur mépris.

(A. D'EXPILLY, Dictionnaire des Gaules. Avignon.)

(2) Champollion Figeac.

gent, constituait le signe distinctif de sa dignité, depuis qu'il n'avait plus le droit d'être accompagné de gardes armés de pertuisanes dorées (1).

On doit noter, au sujet du viguier et des juges de Saint-Pierre, que, conformément aux conventions de 1251, ces magistrats pouvaient seulement être choisis parmi les étrangers ; les citoyens d'Avignon ne devaient point participer à ces fonctions. Peut-être cette disposition bizarre s'explique-t-elle, par un sentiment de méfiance à l'égard des Avignonnais qui par leur origine et leur situation, auraient pu obtenir, sur leurs compatriotes, un ascendant redoutable pour le maître de la cité. C'est par la méfiance également que fut dictée la bulle, de Sixte IV, lorsqu'en 1479, il déclarait les Florentins (2) exclus des charges publiques et qu'il y admettait les citoyens d'Avignon. Mais cette bulle, favorable aux Avignonnais, ne dut pas être appliquée, puisque des règlements postérieurs d'un siècle vinrent remettre en vigueur ses décisions.

<h2 style="text-align:center">§ 3</h2>

Le tribunal du vice-gérent.

Dans les degrés supérieurs de la hiérarchie judiciaire, le vice-gérent remplaça, en 1412, l'auditeur apostolique dont la fonction cessa avec le séjour des Papes à Avignon.

Le vice-gérent était inamovible et nommé par le souverain Pontife ; il prêtait serment entre les mains du légat ou du vice-légat. Vingt greffiers, douze courriers ou huissiers instrumentaient à son tribunal.

En matière de droit commun, le vice-gérent concourait

(1) D'Expilly.
(2) En 1478, un aventurier, Bertrand de Guarlans, envahit le haut Comtat, à la tête de bandes recrutées dans les contrées voisines.
On découvrit que cette campagne avait été suscitée et soutenue par des Florentins résidant à Lyon. La bulle de 1479 est inspirée sans doute, par le ressentiment du Pape. Peut-être, aussi, est-elle un écho des luttes de Florence contre Rome au xve siècle.
(Achard. *Notes sur la publication de M. Faudon, 1897*).

avec l'auditeur général de la légation, pour les jugements en première instance et l'appel des causes portées devant les tribunaux inférieurs. Ce concours diminuait singulièrement l'importance de sa juridiction. Mais, juge d'exception, les procès intéressant les ordres militaires et religieux, les monayeurs et l'Université étaient portés devant lui. Si l'on considère que dans Avignon, les ordres religieux présentaient une importance considérable, on comprend l'étendue de cette attribution (1). Quant à la puissance des ordres militaires, elle fut de beaucoup réduite, après le départ des Papes (2).

L'Université d'Avignon datait de 1303. Boniface VIII y créa des chaires de droit civil et canonique, de médecine et des écoles d'arts libéraux. Jean XXIII y ajouta, en 1414, la faculté de théologie dont les dominicains dirigeaient l'enseignement comme celui de la philosophie. Cette Université, dont l'archevêque d'Avignon était le chancelier, forma, nous disent les contemporains, des docteurs aussi distingués par « leurs vertus que par leur science. » Mais s'il faut croire Guy Patin, elle vit trop rapidement diminuer son prestige, par la déplorable facilité avec laquelle on y baillait des parchemins pour de l'argent. Avignon partageait, paraît-il, cette pratique avec Angers, Caën, Aix et Valence (3).

De nombreux étudiants fréquentaient cette Université, où ils étaient attirés par les faveurs que la ville leur accordait (4), notamment la franchise d'impôts. Mais la gaîté de cette jeunesse turbulente dégénérait souvent en désordre et en indiscipline. Les clercs donnèrent de fâcheux exemples et devinrent, dans Avignon, une puissance telle

---

(1) 8 chapitres, 109 chanoines, 41 bénéficiers, les Dominicains, les Cordeliers, les Grands-Augustins, en tout 20 maisons de religieux et 15 de religieuses se trouvaient à Avignon, et la vice-gérence avait juridiction sur le Venaissin en entier.

(2) Au xviii° siècle, Avignon possédait la garde du légat, une troupe d'infanterie de cent hommes « habillés de bleu avec parements rouges », la garde suisse de 24 hommes, vêtus de « costumes bizarres », armés de hallebardes ; et ayant des officiers très bien rétribués. — (D'Expilly).

(3) Faudon (Discours de rentrée de la Cour de Nîmes, 1864).

(4) En 1426, le Cardinal de Brosny, du duché de Savoie, fonda et dota, à Avignon le Collège d'Annecy, destiné à recevoir des étudiants pauvres qui suivaient les cours de l'Université et étaient bien logés et entretenus. — (D'Expilly)

que le Conseil de la ville, en 1486, constate que les gens
du guet ne peuvent plus faire, à cause des étudiants, leurs
rondes de sûreté.

§ 4

Le tribunal de la Rote.

Ce tribunal fut créé seulement, en 1566. Le Cardinal
d'Armagnac et le Cardinal de Bourbon l'instituèrent pour
remédier à l'inconvénient causé par les lenteurs de la procédure de la Cour souveraine qu'avait établie à Avignon Grégoire XI, lors de son départ pour Rome.

Le tribunal de la Rote était composé de six membres,
laïques et ecclésiastiques, par moitié. Ils avaient le titre
d'auditeurs et une place d'honneur leur était attribuée dans
les cérémonies publiques. L'un d'eux, à tour de rôle, occupait la présidence de l'assemblée, à défaut de l'auditeur
général de la légation qui en était le président ordinaire.

Cette juridiction avait, en premier ressort, compétence
générale en toutes les causes d'Avignon et du Comté,
qu'elle fussent civiles ou criminelles. Elle jugeait en appel
les procès portés devant les tribunaux inférieurs ; l'un des
auditeurs s'occupait de l'instruction de l'affaire et la Cour
prononçait son arrêt sur le rapport qui lui était soumis.

§ 5

Le tribunal de l'auditeur général.

Ce dignitaire était le second d'Avignon. Qu'il fut nommé
par le légat ou le vice-légat, on ne rencontre guère que des
italiens promus à ces hautes fonctions. Président de la Cour
de la Rote, il possédait aussi un droit propre de juridiction,
connaissait, en première instance, des causes ordinaires qui
pouvaient également être soumises aux tribunaux inférieurs,
et jugeait, en appel, sur leur décision.

Au criminel, il concourait avec les tribunaux inférieurs et
l'appel de ses sentences était porté devant le vice-légat qui

les renvoyait au tribunal de la Rote ; dans ce cas, l'auditeur général n'assistait pas aux audiences où ces affaires étaient appelées.

§ 6.

Le tribunal du vice-légat.

De 1542 à 1691, il y eut des légats et des vice-légats d'Avignon, mais les premiers étaient en résidence à Rome. En 1691, un bref du Pape accorda aux vice-légats la qualité de vicaires généraux du Saint-Siège, tant pour le temporel que pour le spirituel. Ils avaient non seulement le titre de gouverneurs d'Avignon et de surintendants généraux des armées du Pape, mais encore, juges de la légation, ils prononçaient en appel sur les causes qui avaient été portées devant les tribunaux inférieurs.

Leur juridiction était civile et criminelle et ils pouvaient évoquer toute cause qu'il leur plaisait de s'attribuer.

Le vice-légat logeait au palais apostolique et tenait ses audiences publiquement, deux fois la semaine ; son habit de cérémonie était le rochet et le camail. A l'audience, il avait à sa droite le dataire ou grand chancelier, à sa gauche, l'avocat fiscal. Il déléguait ordinairement le dataire pour juger les affaires qui venaient en appel devant lui, de la Cour de la Rote et quelquefois même, celles qu'avait jugées l'auditeur général.

On donnait au vice-légat le titre d'Excellence et sa garde était composée d'une compagnie de chevau-légers érigés en gardes du corps, galonnés d'argent « sur toutes les tailles (1). » Il avait également sous ses ordres une compagnie de Suisses, identique à celle que le Pape gardait à Rome et une troupe d'infanterie qui composait la garnison d'Avignon. La maréchaussée lui fournissait en permanence un cavalier qui transmettait ses dépêches.

Le vice-légat avait qualité pour commuer les peines des

(1) D'Expilly. — Avignon.

condamnés et même pour leur faire grâce du châtiment suprême ; il conférait des bénéfices et distribuait des pensions. En 1621, il prétendit même réglementer la chasse ; mais des plaintes ayant été portées à Rome, il fut décidé que les Etats seuls pouvaient établir une organisation nouvelle en cette matière (1).

SECTION II

LES JURIDICTIONS SPÉCIALES.

A côté des tribunaux de droit commun à compétence générale, des juridictions d'un ordre plus particulier contrôlaient l'observation des règlements spéciaux.

§ 1

Le tribunal des Gabelles.

Cet impôt frappait au début du XIVe siècle, tout ce qui servait à la nourriture, l'habillement et l'entretien des citoyens ainsi qu'à la construction des maisons. En 1428, il fut étendu aux livres que les marchands étrangers vendaient sur le marché. Mais ces droits se restreignirent de plus en plus et, en 1790, n'en étaient frappés que les denrées de première nécessité et les fourrages. On percevait également des taxes sur les troupeaux qui traversaient la ville ou son territoire et ce transit donnait lieu à de nombreuses difficultés entre les fermiers des gabelles et ceux qui étaient soumis à leurs attributions.

Le bureau de police (2) qui siégeait à l'hôtel de ville, jugeait d'abord tous ces différends. Au XIVe siècle ces attributions furent confiées à un juge des gabelles nommé par le vice-légat qui, dans son ordonnance, limitait la durée de sa charge.

(1) Léon X, par une bulle, avait reconnu à tous ses sujets le droit de chasse. Les papes s'opposèrent à l'attribution exclusive que voulaient s'en faire les vice-légats autour d'Avignon.

(2) Il se composait des consuls, du primicier de l'Université, de cinq députés du clergé, quatre de l'Université, six gentilhommes et douze bourgeois. — (CHAMPOLLION FIGEAC).

§ 2

Les Consuls.

Les magistrats municipaux étaient au nombre de trois ; le premier eut toujours le titre de gentilhomme ordinaire du roi et fut un personnage de condition. Ils étaient nommés par le Conseil de la cité, la veille de la Saint-Jean. Les consuls se réunissaient à l'orateur de la ville, pour juger les infractions commises aux règlements de petite voirie. Devant eux se portait aussi l'appel des amendes infligées par les maîtres de victuailles et des rues chargés de veiller à l'observation des tarifs établis. Ces peines ne pouvaient dépasser soixante sous tournois, et en appel, 15 florins.

§ 3

Le tribunal de commerce.

Le commerce d'Avignon portait principalement sur les étoffes. L'industrie de l'imprimerie y avait fait aussi de grands progrès et l'on éditait, dans cette ville, de beaux ouvrages, dans plus de vingt ateliers dont la concurrence excitait l'émulation et formait le goût.

Avant l'année 1677, il existait, à Avignon, des experts chargés de statuer sur les difficultés concernant le commerce et l'industrie. En 1243, ils étaient choisis, deux parmi les banquiers et les drapiers, deux parmi les marchands de fourrures et le même nombre, dans le corps des menuisiers, des bouchers, des savetiers ; on nomma ensuite deux juges qui connurent de ces difficultés ; le vice-légat les désignait, à son choix, sur une liste de quatre citoyens que dressait le Conseil de la ville.

A la demande des habitants d'Avignon, le vice-légat décida, en 1678, qu'il nommerait, chaque année, parmi les six candidats que lui présenterait le Conseil, un conservateur des marchands qui jugerait, avec les deux magistrats habituels, les causes mercantiles n'excédant pas cent francs. Le vice-légat prononçait sur l'appel de ces décisions et déterminait, au cas de contestation, la nature de l'affaire.

Devant le tribunal de commerce, les greffiers étaient d'a-
bord choisis par les parties ; mais au XVIII° siècle, il y fut
créé un office héréditaire.

§ 4

Le tribunal du Primicier.

C'était en principe devant le vice-gérent que se portaient
les causes intéressant les membres de l'Université. En avril
1614, le Primicier d'Avignon reçut comme les chefs d'Université d'Italie, le droit de juger les affaires criminelles ou
civiles concernant les docteurs, licenciés, écoliers. Il était,
sous peine de censure, défendu aux autres magistrats de
s'immiscer dans ces différents. L'appel des sentences du
Primicier était de la compétence du vice-légat.

§ 5

Le tribunal de l'Archevêché.

L'archevêque d'Avignon avait juridiction spirituelle (1)
sur son diocèse et aussi, en appel, sur ceux de Vaison, de
Carpentras et de Cavaillon. Sa juridiction temporelle s'exerçait sur les gens qui composaient sa maison et les habitants
de Bédarrides, Chateauneuf, Calcernier, Gigognan, dont la
seigneurie lui était attribuée. Il fut défendu aux autres tribunaux d'empiéter sur son domaine, mais le Pape pouvait
nommer des commissaires chargés de statuer, en appel,
sur les causes jugées par l'archevêque.

De plus, chaque fois que les biens de l'Eglise étaient intéressés dans une contestation entre particuliers, il préten-
dait devoir connaître de ces affaires et, à ce titre, il s'immis-
çait dans un grand nombre de causes qui n'étaient pas, en

---

(1) La connaissance des affaires purement spirituelles concernant la foi, les sa-
crements, la discipline ecclésiastique, lui appartenait.
Pour les actions personnelles où ils étaient demandeurs, les ecclésiastiques assi-
gnaient les laïques devant les tribunaux de droit commun. Etaient-ils défendeurs,
le tribunal ecclésiastique était seul compétent à leur égard.
Quant aux actions réelles ou mixtes, les juridictions ordinaires en connaissaient.

réalité, de sa compétence (1). Il statuait avec le vicaire et l'official général et ses décisions étaient recueillies par des greffiers spéciaux.

§ 6

Le tribunal de l'inquisition.

L'origine de ce tribunal remonte au XIII° siècle et à l'hérésie albigeoise. Jusque-là, les crimes contre la religion avaient été jugés par les évêques. Après cette époque, les documents portent la mention d'arrêts de l'inquisiteur général. Sa juridiction s'étendait sur la Provence et le Dauphiné. En Provence, l'inquisiteur général avait établi un commissaire provisoire à qui il voulut, en 1571, attribuer des fonctions difinitives ; mais le parlement et le roi s'y opposèrent et supprimèrent cette charge.

Au XVIII° siècle, le tribunal de l'inquisition n'avait dans son ressort que le Comté Venaissin et Avignon. Il possédait ses prisons particulières que Grégoire XI avait terminées, en 1376, moyennant une imposition sur le Dauphiné et la Provence. Depuis 1541, l'inquisiteur fut choisi parmi les Dominicains. Il logeait dans une partie spéciale du couvent de son ordre, qui portait le nom de Palais de l'inquisition, et touchait, sur l'évêché de Cavaillon, un traitement de 200 écus d'or. Il avait deux vicaires, l'un à Carpentras, l'autre à Valréas.

Cette magistrature disparut, en 1720, et le peuple expulsa l'inquisiteur général qui excomunia, de sa fenêtre, ceux qui en avaient donné l'ordre et ceux qui l'exécutaient. Son tribunal se composait de son vicaire général et de sept consulteurs nommés à vie, dont trois étaient docteurs en théologie et les autres docteurs en droit. Il s'adjoignait aussi un fiscal et un chancelier. Le prévenu appartenait-il à l'un des

---

(1) Il puisait son droit dans le chapitre « *Causa omnes* », de la législation canonique, et en abusait à tel point, que, si une succession comprenait un bien grevé d'un droit quelconque au profit de l'Eglise, il retenait toutes les difficultés concernant cette succession.

évêchés suffragants d'Avignon, l'évêque nommait un délégué qui assistait au jugement. L'archevêque d'Avignon devait suivre les audiences de cette juridiction, ou du moins avoir communication de la procédure, et l'appel des arrêts était porté à Rome devant l'inquisiteur universel.

La fonction de ce tribunal était de rechercher et de punir ceux que l'on soupçonnait d'hérésie ou de mauvais sentiments pour la religion.

Ses archives furent brûlées, à l'époque de la Révolution (1) ; cependant l'on sait qu'en 1300, l'évêque de Vaison procéda, avec le concours des vicaires généraux de l'inquisiteur, à des poursuites contre plusieurs habitants de Valréas ; le résultat ne nous en est point parvenu. En 1354, Innocent IV fit traduire, devant cette juridiction, des hérétiques albigeois qui avaient osé pénétrer dans Avignon et deux d'entre eux furent brûlés publiquement. La même année, deux ecclésiastiques furent condamnés au feu comme schismatiques (2).

Mais les exactions inquisitoriales ont été singulièrement exagérées. S'il faut déplorer les supplices que nous venons de rapporter, on doit reconnaître qu'ils furent très rares, car on procédait devant ce tribunal avec autant de circonspection que dans les autres. D'Expilly, pour en justifier les excès fanatiques, fait observer que « l'on ne saurait être in-
» dulgent pour ceux qui attaquent le gouvernement et la
» religion qu'il professe ; c'est ainsi que l'on doit procéder,
» disait-il, dans tout Etat policé ». (3)

(1) Il existe à la bibliothèque d'Avignon (manuscrit 2480) un fragment de ces procédures, qui concerne une jeune fille avouant ses relations avec le diable, sur les instances duquel elle a renoncé au christianisme..

(2) Abrégé chronol. de l'Hist. eccl. T. 2 p-119.

(3) Dict. des Gaules V° Avignon. La partie septentrionale des palais des Papes se termine par la tour du Trouillas, dont les fenêtres, garnies de forts barreaux de fer, révèlent la destination. Quant aux locaux où la légende voulait que l'inquisition eût établi ses tortures, le congrès architectural de 1855, plus éclairé, leur a reconnu une toute autre affectation : elles servaient de salles de réception.

SECTION III

La Congrégation criminelle.

En 1753, Benoit XIV institua cette Cour pour rémédier au défaut principal de l'organisation judiciaire à cette époque : la multiplicité des juridictions. Elle se composait du vice-légat, président, de l'auditeur général, des juges de Saint-Pierre et de l'assesseur du viguier ; l'avocat fiscal y soutenait l'accusation. La Congrégation criminelle siégeait à Avignon et jugeait les délits les plus graves commis, tant dans la ville que dans le reste de la province. Elle connaissait, en outre, sur appel, des affaires criminelles portées devant les tribunaux baronnaux et les autres juges de première instance. Cette juridiction ne subsista que peu de temps, jusqu'en 1790.

CHAPITRE II

Les juridictions du Comté Venaissin.

En 1228, le pays venaissin ayant été cédé au Saint-Siège, Grégroire IX préféra le laisser momentanément sous la garde du roi de France ; mais en 1274, le Pape ayant définitivement acquis cette province, en organisa les tribunaux. Les justices seigneuriales subsistèrent cependant, quoique très réduites : la politique des Papes consistait, en effet, non pas à briser les petits vassaux qui n'osaient d'ailleurs rien entreprendre contre leur puissance, mais à se faire céder peu à peu les domaines de ceux qui pouvaient contrarier leur gouvernement.

SECTION PREMIÈRE

LES JURIDICTIONS DE DROIT COMMUN.

§ 1

Les juges majeurs.

En 1282, il y avait un seul juge majeur dans le Comté ; en 1389, il y en eut trois, qui siégeaient à Carpentras, à l'Isle et à Valréas. Ils constituaient les tribunaux ordinaires de première instance, et durent plaire au pays, puisque Nicolas V ayant voulu les remplacer par des viguiers, fut obligé, à la suite des protestations qui s'élevèrent, de rétablir cette juridiction qui fut maintenue jusqu'en 1790.

Les légats, les recteurs et les vice-légats les nommèrent tour à tour ; leurs fonctions étaient annuelles et ils ne pouvaient être prorogés que pour un an ; on les choisissait parmi les avocats dont la science et l'intégrité étaient notoires.

Ces trois magistats, qui devaient résider au siège de leur juridiction, avaient une compétence territoriale distincte (1). Dans les causes d'un intérêt inférieur à cent écus, au principal, ils prononçaient sans formes de procès, et en cette matière, un seul degré d'appel était possible. Dans celles qui présentaient une valeur supérieure, ils pouvaient prendre des assesseurs, avec le consentement des parties, ou sur l'initiative de ces dernières.

Au criminel, ils tenaient des assises, tous les trois mois, au chef-lieu de leur résidence et tous les six mois, dans les autres bourgs ; plus tard, des dates fixes ne leur furent plus assignées, elles étaient subordonnées au nombre des affaires qui devaient y être portées. L'audience ordinaire avait lieu, à Carpentras, à dix heures du matin, le mardi ; on l'annonçait à son de cloche. Le magistrat siégeait en robe,

(1) La juridiction de Carpentras comprenait, dans son ressort, 50 villes ou villages, celle de l'Isle, 17, comme celle de Valréas. (B. de Saint-Benet. Statuts du Comté Venaissin — juges majeurs).

ayant le greffier au-dessous de lui ; plus loin, se tenaient les avocats et enfin un huissier, chargé de faire observer le silence. Si l'un des plaideurs outrageait un avocat, un greffier ou un juge, celui-ci condamnait sur l'audience, et décernait prise de corps contre le délinquant dont le procès était perdu.

§ 2

Le juge des appellations.

Devant ce magistrat était porté l'appel des sentences du juge majeur ou des justices seigneuriales, et il prononçait en dernier ressort, sur les causes ne dépassant pas, en intérêt, dix florins. Sa nomination était d'abord faite par les légats, puis, par les recteurs et enfin par les vice-légats, comme celle des juges majeurs. Comme eux, on le choisissait parmi les avocats en renom, et ses audiences étaient fixées aux mêmes jours et aux mêmes heures que celles des juges majeurs.

§ 3

Le tribunal du recteur.

Le recteur occupait la première fonction judiciaire du Comté. Cette situation était fort considérée et l'on y vit briller des hommes fort remarquables.

Guillaume de Villaret, le premier recteur nommé par Grégoire IX, fut ensuite grand-maître de Jérusalem. Armand de Trian, désigné par Jean XXII, épousa la nièce du Pape, et c'est à lui que fut confiée l'information du procès de Cahors dont l'évêque était accusé d'avoir atttenté à la vie du Souverain Pontife.

On ne saurait passer sous silence le nom du cardinal de Cabassole, l'un des plus grands personnages qu'ait vu naître le Comté. Il fut l'ami de Pétrarque et le poëte parle de leurs causeries auprès de la « Reine des Fontaines » C'est pendant qu'il était en charge que le Venaissin évita les ravages de ces hordes indisciplinées, désignées sous le nom de grandes Compagnies (1).

Dominique Grimaldi occupa la fonction de recteur avant d'être vice-légat et chassa les huguenots du Comté.

Enfin des archevêques et plus de trente évêques s'y succédèrent.

Aux cérémonies publiques, les recteurs revêtaient l'habit violet, insigne de la prélature et ils avaient, à leur droite, les magistrats de la ville, à leur gauche, les consuls et les autres fonctionnaires.

Ce titre fut l'apanage des plus proches parents des Papes qui leur réservaient la première magistrature du pays pour lequel ils témoignaient tant de préférences. Les recteurs habitèrent d'abord à Pernes, puis à Carpentras (2), lorsque sur le conseil de Jean XXIII, Othon, évêque de cette ville, leur en céda, contre indemnité, la juridiction temporelle. Ils avaient un lieutenant, le vice-recteur qui était nommé par le Pape, quelquefois par le légat et comme eux il était un important fonctionnaire. Au commencement du XVIe siècle, cette charge était occupée par Etienne Bertrandus qu'un orateur français appelait l'honneur de Carpentras, la lumière de son siècle, le docteur de la vérité (3).

Le recteur n'avait pas le droit de faire grâce aux criminels de leurs peines, mais il les admettait à se libérer pécuniairement, si le plaignant y consentait ou s'il n'avait pas été porté de plainte. En vertu de sa juridiction gracieuse, il

(1) D'après Henri Martin, Duguesclin avait promis à ses soldats, pour les amener en Espagne, une forte somme à prendre sur le trésor du Pape. A Avignon, il fit porter à Urbain V, la confession de ses gens, et une sommation d'avoir à verser 200,000 pièces d'or. Le Pape trouva le procédé déplaisant. « On a coutume de nous donner, s'écria-t-il, de grosses sommes pour être absous. Il faut que nous absolvions ces gens à leur merci, et que nous leur donnions de l'argent ».
Duguesclin, apprenant que la rançon était payée par Avignon, la renvoya au Pape, demandant qu'elle fût prise sur ses propres revenus. Mais, celui-ci s'indemnisa en imposant le clergé de toute la France.
(2) La façade de leur palais se trouvait côté nord de la place de l'Evêché. Il fut construit sous Alexandre VII. En 1791, il fut vendu comme bien national, et divisé en plusieurs maisons qui devinrent propriétés particulières. (Cottier. — Notes historiques).
(3) Président d'Expilly. Plaid. 9. (Dict des Gaules).

nommait aussi tous les magistrats inférieurs (1), participait
à l'élection des consuls et approuvait les délibérations des
assemblées du pays.

Sa juridiction contentieuse était très étendue ; il avait
pour assesseurs le vice-recteur, le juge des appellations, le
juge ordinaire de Carpentras, l'avocat fiscal et l'avocat des
pauvres, qui avait pour mission de défendre les intérêts des
plaideurs dénués de ressources et de s'occuper des prisonniers.
Le tribunal de la rectorerie concourait en première instance,
avec les juges majeurs, en appel, avec le juge des appellations. On portait devant le recteur les appels des tribunaux
inférieurs et des tribunaux de police et il pouvait évoquer les
causes de la compétence des juges baronnaux. Il connaissait
en outre privativement de certains crimes spécifiés par les
statuts, des exactions commises par les bandes armées ou
sur des chemins publics. des prévarications des officiers de justice et des offenses dont ils pouvaient être l'objet.

SECTION II

LES JURIDICTIONS SPÉCIALES.

§ 1

La révérende chambre apostolique.

Ce tribunal date de la cession du Comté au Pape par Philippe
le Hardi. Il fut, au début, composé d'un trésorier général,
chargé d'administrer les domaines du Saint-Siège et les
droits du fisc. Ce magistrat, qui était choisi parmi les cheva-
liers, négligea ses fonctions auxquelles ses connaissances
personnelles le désignaient peu, et les tribunaux ordinaires

---

(1) Au début, il créait les notaires pour qui un examen n'était pas nécessaire. Ce
droit appartint ensuite, à la chambre des notaires. D'après une bulle de Clément V
(1734), il fallait au candidat un certificat d'apprentissage, une attestation justifiant
qu'il possédait 3,000 livres de fonds assurés, et, en outre, un certificat de moralité.
L'aspirant devait avoir 25 ans. Trois examinateurs étaient députés par le recteur,
dont deux notaires et un avocat. Tous les notaires se réunissaient pour assister à
l'examen. Le recteur ou le vice-recteur y venaient aussi, et, si le candidat était admis,
il prêtait serment immédiatement. Au XVIII° siècle, à la suite d'une transaction, les
notaires d'Avignon pouvaient instrumenter à Carpentras, et réciproquement. —
(B. de Saint-Bonet).

s'en emparèrent. Mais cette juridiction s'étendit avec le domaine pontifical et, au XVIIIe siècle, elle devait avoir beaucoup d'importance, puisque d'Expilly dit (1) : « qu'elle est un » des principaux ornements dont les papes ont voulu favoriser la ville de Carpentras ».

Elle se composait alors d'un président ayant le titre de conservateur des domaines de Saint-Pierre, d'un trésorier général, d'un avocat et procureur général et d'un secrétaire.

La qualité de président de la révérende chambre constituait un titre de noblesse héréditaire : les Papes avaient voulu en faire les successeurs des Procureurs de César de l'institution romaine.

Le trésorier général était conseiller de sa Sainteté ; il s'occupait de la mise aux enchères des propriétés du Pape et de l'acquittement des fermages.

L'avocat et procureur général avait aussi qualité de conseiller de Sa Sainteté. Il était chargé des poursuites fiscales et intervenait, à ce titre, comme représentant du Saint-Siège, soit à Carpentras, soit dans le Comté, dans les instances portées devant les divers tribunaux.

Le secrétaire tenait les registres de la Cour et était aussi conservateur des archives du Prince.

Toutes ces charges étaient vénales et les nominations à ce tribunal faites par le Pape.

La Révérende Chambre connaissait privativement des causes fiscales concernant le domaine du Souverain Pontife et ce, soit au civil, soit au criminel, que l'initiative de l'instance appartînt ou non à un particulier. Sa juridiction s'étendait sur tous, laïques ou clercs, réguliers ou séculiers, quelle que fut leur dignité, même prélatice ou cardinalice. L'appel de ses décisions était porté devant le vice-légat ou aux tribunaux de Rome.

---

(1) Dict des Gaules. Carpentras.

§ 2

Les tribunaux de simple police.

Les villes et les bourgs dépendant directement de la Papauté avaient un baïle ou viguier qui présidait les assemblées municipales et rendait la justice en matière de simple police. Ils condamnaient à une amende qui ne pouvait dépasser six livres.

Les consuls de Carpentras (1) prononçaient dans ces sortes d'affaires. Ils avaient aussi le droit de juger des contestations s'élevant sur les marchés, mais ils le déléguaient d'ordinaire à deux marchands choisis avec le concours du Corps municipal. D'ailleurs, en vertu d'une bulle de Clément VII, en 1526, Carpentras eut deux juges des marchands pour examiner les différends survenus dans ses marchés, dont la renommée était déjà aussi ancienne qu'étendue.

Les consuls de l'Isle, de Bollène et de Vernes jouissaient des mêmes privilèges.

SECTION III

LES JUSTICES SEIGNEURIALES.

Les institutions que nous avons étudiées fonctionnaient seules dans les pays directement soumis au Pape ; mais dans le Comté nombre de seigneurs feudataires avait conservé le droit plus ou moins restreint de rendre la justice.

En simple police, des baïles, châtelains ou capitaines désignés par eux, poursuivaient les infractions. Dans les matières civiles ordinaires et criminelles, des juges baronnaux, nommés par les seigneurs, statuaient en première instance et parfois même, comme à Bédarrides et à Châteauneuf, il y avait des juges d'appel seigneuriaux.

(1) Ils étaient au nombre de trois, l'un noble de robe, l'autre, d'épée, le troisième, bourgeois. Ils avaient un chapeau de velours cramoisi, et étaient précédés, dans les cérémonies, de courriers revêtus d'un manteau écarlate aux armes de la ville, et portant une masse d'argent. Des gardes vêtus de bleu, et armés de hallebardes formaient leur suite. Ils ne recevaient pas de traitements ; mais, les Juifs leur payaient chaque année une redevance de 31 livres dix sols, d'or, et, quand leurs femmes accouchaient, 12 livres de sucre. Au XVIIIe siècle, il y avait 2000 Juifs à Carpentras. — (d'Expilly).

La juridiction des lieux inféodés était privative, apparte-nant en propre aux juges du fief ; mais il y était dérogé, lorsqu'il s'agissait de crimes graves, commis par des rassem-blements armés ou sur des grands chemins.

Les fonctionnaires baronnaux restaient en charge un an ; quelques-uns même étaient révocables au gré du seigneur. L'appel de leurs décisions se portait, pour les causes civiles, devant le recteur ou le vice-légat ; en matière criminelle, devant la Congrégation d'Avignon.

Certaines localités de peu d'importance n'avaient qu'un seul juge et celles qui appartenaient conjointement à divers suzerains possédaient des magistrats nommés par chacun de leurs maîtres.

TROISIÈME PARTIE

LA PROCÉDURE

La législation du Venaissin était fondée sur le droit romain dont les dispositions furent admises, lorsqu'elles ne contrariaient pas le droit commun. Les bulles des Papes, les réglements des légats et des vice-légats modifièrent ces lois qu'un Code n'a jamais réunies et classées. Il faut encore ajouter à ces éléments si divers les statuts particuliers que s'étaient donnés Avignon et le Comté. Cette législation avait nécessairement le défaut d'être très confuse et de mêler, sans aucun ordre, le droit civil, le droit pénal et le droit administratif. Quant à la procédure, ses règles se trouvaient également éparses dans l'ensemble de l'œuvre.

CHAPITRE PREMIER

La Procédure civile.

SECTION PREMIÈRE

LES AUXILIAIRES DE LA JUSTICE ET LES MAGISTRATS.

La procédure était faite en entier par les greffiers qui rédigeaient les actes de l'instance. La qualité de notaire ne suffisait pas pour obtenir les greffes. Ces charges étaient des plus considérées parmi celles auxquelles pouvait aspirer le tiers-état. L'Université d'Avignon, à laquelle appartenait la majeure partie des greffes, en nommait les titulaires, sauf à Caderousse et à Cavaillon, où ce droit fut réservé au vice-légat.

Dans le Venaissin, ces offices furent d'abord mis à l'encan tous les deux ans ; les greffiers, depuis le XVIIe siècle ont été nommés à vie. Ils devaient avoir plus de 21 ans et justifier de leur capacité. Ils prêtaient serment entre les mains du président de leur tribunal. Dans les villes autres

que Carpentras, ils siégeaient au civil ou au criminel, in-
distinctement ; en 1511, il y avait, dans le chef-lieu du Venaissin, un greffier criminel spécial ; vers 1540, quatre charges de cette nature furent établies. Il était prescrit aux greffiers d'exercer leurs fonctions avec fidélité et de ne pas se
faire donner plus que le tarif ne les autorisait à perce-
voir. A Avignon, la taxe de leurs actes était confiée à un
auditeur de la Rote ; à Carpentras, les juges ordinaires
l'effectuaient.

Avant l'audience, les greffiers établissaient les actes de
procédure préparatoire sur des feuilles volantes ou « cahiers
longs » ; puis ils les reportaient sur des registres ou « manuaux » d'où l'on extrayait, pour les parties, le résumé de
l'affaire. Ils devaient, sous peine d'amende, écrire de suite
et sans blancs sur leurs registres et communiquer gratuite-
ment à tout réquérant, les pièces qui l'intéressaient.

A l'audience, le greffier faisait l'appel des causes ; il prenait des notes brèves sur l'affaire et les rédigeait, dans les
trois jours, sur les manuaux qui portaient les jugements tant
définitifs qu'interlocutoires. Pour les affaires importantes,
les avocats participaient eux-mêmes à cette rédaction. Les
greffiers déléguaient parfois à l'audience des clercs ou subs-
tituts inexpérimentés qui fatiguaient le juge. Aussi, sur l'initiative des Etats, en 1627, il fut décidé que les greffiers
assisteraient en personne à l'audience et qu'ils ne pourraient
y envoyer que leur substitut principal, cela, sous peine de
privation de cause et émoluments, d'abord, puis de suspen-
sion à l'arbitre du vice-légat. Ils ne pouvaient prendre qu'un
substitut, sauf ceux de la rectorerie qui en avaient un second ;
dans les tribunaux d'Avignon, ces clercs étaient tenus de
justifier de leur compétence.

On délivrait, au greffe, l'original des actes, pour aller en
appel. Tel était, du moins, le principe ; mais s'il fut toujours
observé quand le tribunal d'appel était dans le lieu même
où le premier jugement avait été rendu, il n'en fut plus ainsi
lorsque les actes devaient être transportés dans une autre

ville. On grosoyait alors les procédures et les greffiers percevaient l'intégralité des droits de copie.—Sils communiquaient seulement les originaux, ces droits se réduisaient de moitié. Les greffiers étaient syndiqués tous les ans (1).

Les actes de procédure se signifiaient par l'intermédiaire des sergents ou des courriers. Dans le Comté Venaissin, les sergents agissaient au civil et au criminel ; à Avignon, les sergents s'occupaient des actes criminels, les courriers instrumentaient en matière civile. Le courrier avait plus de considération que le sergent ; l'insigne commun de leur autorité consistait en une baguette de bois noir, longue de deux pans et terminée, d'un côté, par un bout en ivoire, de l'autre, par une pomme d'argent où étaient gravées les armes du Pape. Ils devaient exhiber cette canne dans leurs exécutions et faire mention, dans leurs exploits, de cette formalité.

Les Etats, en 1556, 1560 et 1573, réclamèrent que les sergents se fissent accompagner de deux témoins, mais leur vœu ne fut pas écouté. Les actes d'exécution étaient contrôlés par les juges, et les sergents relevaient, disciplinairement, du recteur, à moins qu'ils n'eussent commis leur faute en exécutant les ordres du vice-légat qui était alors compétent à leur égard.

D'après un règlement du Cardinal Aquaviva, les sergents ou courriers devaient instrumenter dans les dix jours de la rémission du cartel qui leur avait été confié ; sinon, il était de nouveau dressé à leur frais. Il leur fut défendu de toucher de l'argent de ceux contre qui ils agissaient et, s'ils consentaient à se laisser soudoyer pour ne pas s'acquitter de leur mission, ils encouraient la peine des galères ; si les débiteurs se refusaient à leur obéir, la rébellion était punie des galères, pour les personnes valides, et, pour les autres, du fouet.

Les sergents ne pouvaient pénétrer de force dans les ha-

---

(1) En 1674, il fut établi que si un plaideur maltraitait un greffier ou un avocat, il encourrait la peine de mort et la perte de procès, au cas de mutilation ; et, dans les autres cas, la confiscation et l'exil.

bitations et enfoncer les portes que s'ils recherchaient des malfaiteurs ou si le propriétaire de la maison était soupçonné d'avoir pris la fuite. On les employait, dans le principe, pour garder en qualité de séquestre, les biens saisis, mais leurs excès furent tels qu'on dût les remplacer, pour cès fonctions par des particuliers. Les sergents exerçaient aussi la surveillance des audiences et faisaient observer silence le dans le prétoire (1).

Les avocats s'occupaient de la plaidoirie et donnaient des consultations. Leurs honoraires n'étaient pas taxés, car, eux seuls pouvaient apprécier la peine qu'ils avaient prise et l'on se plaignait, à cette époque, de voir la condamnation aux dépens ne pas comprendre ces frais, de telle sorte que celui qui sortait vainqueur du procès avait parfois des sommes importantes à payer à son avocat, sans avoir été indemnisé (2).

Il paraît que les avocats n'étaient pas toujours au courant de leurs causes, car les légats furent plusieurs fois obligés de mentionner, dans leurs règlements, que les membres du barreau devaient s'occuper des intérêts qui leur étaient confiés et apporter à l'audience les documents nécessaires pour établir leurs prétentions, afin de ne pas retarder le jugement du procès (3). Il leur fut également défendu d'employer, dans leurs plaidoiries, des expressions injurieuses, et ce, sous peine d'une amende de cent marcs d'argents.

Les avocats se dispensaient même de venir au prétoire ; ils étaient absents, quand on appelait les affaires : aussi les obligea-t-on à être présents à toutes les audiences de la semaine, et lorsqu'ils ne s'y rendaient pas, la cause était jugée. Si l'arrêt ne recevait pas opposition à l'audience suivante, il était réputé définitif.

Lorsque l'avocat ne voulait pas se charger d'une affaire, après en avoir pris connaissance, il devait rendre les pièces

(1) Les manuscrits d'Avignon relatent une plainte adressée au vice-légat par les huissiers qui se plaignent d'avoir, sans rétribution, à prendre beaucoup de peine, pour faire observer le silence.
(2) D'Astier. Projet de règlement.
(3) Règlement de Nicolini. Recueil des règl. des légats.

qui lui avaient été confiées, trois jours après sommation. Ce délai écoulé, le plaideur pouvait, à son choix apporter les originaux au juge qui décidait ensuite, faire grossoyer les actes aux dépens de l'avocat ou demander que le tribunal punisse d'une amende la négligence de son conseil.

Les avoués ou procureurs n'étaient pas, dans le principe, admis par cette législation ; les avocats en tenaient lieu et touchaient, à ce titre, double salaire. Certaines personnes ayant, au XVIIIe siècle, témoigné l'intention d'exercer cette profession à Avignon, une enquête eut lieu et les procureurs ne furent pas institués. On estima qu'ils ne devaient qu'augmenter le frais de l'instance, sans présenter les garanties de capacité et de loyauté que l'on rencontrait chez les avocats. Mais à défaut de ceux-ci, on dut cependant tolérer les procureurs dans certains tribunaux. Les avocats avaient cinq ans, pour exiger leurs honoraires ; après ce délai, ils pouvaient établir qu'ils n'avaient pas été payés, et ce, par présomption ou serment, tandis que les greffiers dont le salaire était prescrit, ne pouvaient plus faire la preuve contraire.

Les hautes magistratures furent, pour la plupart, confiées à des Italiens, dépourvus de connaissances juridiques et très mal renseignés sur les mœurs du pays. Au contraire, les juges ordinaires de Carpentras et le juge des appellations étaient choisis parmi les avocats ayant professé, pendant cinq ans ; mais ils n'en continuaient pas moins à exercer devant leur tribunal. Comme ils ne pouvaient être juges et et parties, ils se faisaient alors remplacer au siège. Les plaideurs dressaient, chacun, une liste d'hommes versés dans la science des lois et possédant leur confiance ; si la même personne était portée sur les deux listes, elle était désignée pour décider du litige. Lorsque cette éventualité ne se présentait pas, on recourait au sort et celui de ces divers noms qu'un enfant retirait de l'urne était accepté par les plaideurs.

Le 24 décembre 1738, le recteur Guiccildi voulut, en

nommant juge majeur un avocat de Carpentras, lui imposer
l'obligation de renoncer à plaider devant sa juridiction. Il
prétendit que, dans ce cas, la commissaire du juge n'en
était que le mandataire, et qu'il manquait de liberté pour
déci.ler de l'affaire. Plusieurs mémoires furent adressés au
vice-légat, protestant contre ces allégations. Ils faisaient
observer que, si l'on adoptait pareille disposition, les avocats
se reluseraient certainement à accepter ces charges, pour
éviter de perdre toute clientéle, pendant cette courte magistrature ; on risquait de ruiner les greffiers qui avaient payé
leurs offices et d'enlever aux justiciables le choix entre les
juridictions, alors qu'il était utile de leur assurer cette garantie. Le Cardinal Lescari donna raison aux piaignants contre
le règlement du recteur (1).

Les juges jouissaient d'une grande considération ; ils devaient être salués sur la voie publique ; mais ils étaient très
peu rémunérés. Aussi, l'usage avait admis, en leur faveur,
les épices et les sportules. Quelques-uns d'entre eux (2)
recevaient des épices taxées à un certain chiffre variant avec
l'intérêt de la cause. Quant à ceux qui ne pouvaien! en ré-
clamer, ils se faisaient payer, dans l'exercice de leur juridiction gracieuse, par exemple, quand ils rendaient des décrets
autorisant les femmes mariées, ou permettant d'aliéner des
biens de mineurs. Leur traitement fixe, nous disent les auteurs de l'époque, suffisait à peine à les indemniser de leurs
transports et des étrennes qu'ils distribuaient. Ils prenaient aussi des honoraires pour l'examen des témoins, dans
les affaires criminelles, et si parfois l'étude d'un procès leur
demandait trop de temps, le vice-légat les autorisait à toucher des rétributions spéciales. Quoiqu'ils ne dussent pas

(1) En 1741, il y avait dix avocats à Carpentras. L'un était avocat général du Pape ;
l'autre juge ordinaire ; le troisième jugeait en appel ; un quatrième était premier
consul.

(2) Le vice recteur, le président de la Chambre apostolique, les juges baronnaux.
Leurs épices étaient modiques et ne devaient être perçues qu'après jugement. S'il
faut en croire un document de l'époque, les juges de Saint-Pierre gagnaient 7co
livres par an ; l'auditeur général, 4.000; le vice-gérent. 1 coo ; les avocats, de 15 a
18 livres par cause ; les greffiers de Saint-Pierre, de 600 ; ceux du légat, 1 oxo. Les
juges ordinaires, à Carpentras, touchaient 48 livres ; les autres 24. — (B. de Saint-
Bonet).

recevoir d'épices pour leurs sentences, les plaideurs leur faisaient le plus souvent de petits cadeaux, pour les remercier de la peine qu'ils s'étaient donnée à l'occasion de leur litige. Ces cadeaux consistaient en comestibles, appelés *esculenta poculenta* et devaient pouvoir être consommés par le juge, en trois jours (1).

Les magistrats portaient la toge et le *biretum* ; quant au bonnet carré, il était le privilège des grades supérieurs. Chaque année, il y avait, après les vendanges, des audiences générales de rentrée (2). C'est alors que les avocats prêtaient le serment : « *Quod in causis quas tam agendo quàm* » *defendendo susciperent, calumniam evitarent, veros arti-* » *culos darent, fideliter articulis responderent, et omni ope* » *et studio curarent, nihil eorum pretermittentes quæ ad* » *justam partium defensionem pertinerent* ».

Les jugements, en principe, étaient rendus par un seul juge, dans les tribunaux inférieurs. Mais lorsque l'intérêt de l'affaire dépassait un certain taux, il pouvait choisir d'office deux assesseurs. Les parties avaient aussi qualité pour en demander. Sur une liste de douze docteurs que lui communiquait son adversaire, chaque plaideur désignait celui que devait s'adjoindre le juge. Si, au bout de six jours, les parties n'avaient pas effectué leur choix, le juge l'opérait lui-même. Prenait-il des assesseurs de sa propre initiative, il les rétribuait ; était-ce seulement sur la demande des plaideurs, ceux-ci en supportaient les frais. Nul ne pouvait être accepté, s'il était parent ou allié des intéressés, jusqu'au quatrième degré du droit canon. Si les deux assesseurs étaient du même avis, cet avis s'inspirait au juge. Si leur opinion se trouvait différente, le magistrat se prononçait pour celle qui lui paraissait préférable.

Lorsque le procès traînait en longueur, le juge était sommé

(1) Les greffiers percevaient des plaideurs les sportules. Ceux du tribunal de Saint-Pierre touchaient 32 sols et demi de chaque partie, et achetaient un pain de sucre pour le donner au juge mais ce pain était toujours de valeur inférieure au chiffre perçu. Les magistrats s'en plaignirent amèrement. — (Manuscrit 2823, Avignon).

(2) Le manuscrit 2826, d'Avignon, relate une audience solennelle de la Cour de la Rote et la messe qui l'a précédée.

trois fois, par ordre supérieur, de rendre son arrêt, avant de pouvoir être accusé de déni de justice. Il était toujours responsable des erreurs provenant de son ignorance.

SECTION II

L'INSTANCE CIVILE.

L'acte introductif d'instance consistait dans un cartel rempli au greffe. Il contenait les noms du juge, du demandeur, du défendeur, l'objet de l'action, les jours, mois et an de date, le sceau et la signature du greffier et du magistrat qui précisait à quelle heure et à quelle audience il examinerait la demande. Assignation était faite à la partie défenderesse (1). Au jour fixé, si le demandeur ne comparaissait pas, le juge renvoyait le défendeur qui, avant deux mois, ne pouvait être appelé pour la même cause. Si le demandeur ne se rendait pas à cette seconde audience, on ne lui permettait d'assigner à nouveau qu'après six mois et les frais étaient toujours à sa charge.

Le défendeur faisait-il défaut, lorsqu'il s'agissait d'une action réelle, l'autre partie produisait ses titres au tribunal et se faisait envoyer en possession de l'objet du litige. S'il s'agissait d'une action personnelle, le demandeur était autorisé à se faire livrer des meubles d'une valeur égale à l'intérêt de l'instance et ces biens étaient gardés par lui, en qualité de sequestre, pendant les six mois qu'avait l'adversaire, pour purger son défaut. Après ce délai, le demandeur les possédait à titre définitif et faisait les fruits siens. Au contraire, si comparaissant dans les six mois le défendeur payait les dépens liquidés d'après le jurement de la partie requérante, l'instance reprenait son cours ordinaire.

D'après les statuts d'Avignon, il était donné au défendeur non comparant un curateur *ad litem*, contre qui se plaidait

(1) On assignait la partie par un cartel remis à elle-même ou à ses serviteurs ou à un locataire de la maison. S'il n'y avait aucune de ces personnes qui s'y trouvât ou voulut se charger de l'exploit, il était affiché à la porte, et on défendait, sous des sanctions sévères, de l'en arracher.

l'affaire. S'il se présentait dans le délai d'un an, il purgeait son défaut.

A suite de l'assignation, lorsque les deux parties s'étaient rendues, elles pouvaient, tour à tour, se poser des questions appelées « articles ou posites », auxquelles elles devaient répondre dans un délai qui comptait habituellement trois jours. Ce laps de temps écoulé, le plaideur était réputé acquiescer à la demande de son adversaire, à moins que le juge ne voulût le réintégrer dans ses droits.

Lorsque les réponses étaient discutées, il était accordé un délai pour faire la preuve et le magistrat qui connaissait de l'affaire, le prorogeait à son arbitre.

Des témoins devaient-ils être interrogés, un greffier pouvait être désigné pour les entendre, principalement s'ils ne résidaient pas au siège de la juridiction. Les plaideurs devaient spécifier : « plaira au juge interroger un tel sur tel article » ; on ne pouvait effectuer une demande générale. Les témoignages ecclésiastiques étaient recueillis sur permission de l'évêque et les dépositions remises au greffe cachetées (1).

Après ces formalités, le juge procédait à la publication de l'enquête, tenue secrète jusque là. Parfois, en cet état de la procédure, les parties demandaient copie des actes et obtenaient un délai pour consulter un avocat. La sentence était ensuite rendue et si l'on ne faisait pas appel, dans les deux mois, elle revêtait l'autorité de la chose jugée.

Le magistrat qui l'avait prononcée connaissait des difficultés que pouvaient amener son exécution.

---

(1) A défaut d'autres preuves on pouvait, avec la permission de l'évêque, recourir à des monitoires. Ces actes consistaient en deux avertissements faits au prône, de huit jours en huit jours. Celui qui connaissait un renseignement relatif à l'affaire devait le révéler. Au bout de ce délai, avait lieu la fulmination : le curé lisait, en chaire, la sentence d'excommunication qui atteignait ceux, qui n'avaient pas rapporté ce qu'ils savaient. Il tenait une chandelle à la main, et, à la fin, la jetait à terre et les cloches sonnaient de façon lugubre pendant que le peuple se retirait épouvanté.

Ce procédé d'investigation n'avait lieu qu'en matière civile, et lorsqu'il ne devait pas en résulter de scandale. Les dépositions se faisaient devant le greffier ecclésiastique et se recommençaient devant le juge de la cause.

SECTION III

L'APPEL.

Par respect pour les tribunaux d'ordre supérieur, l'appel de leurs décisions ne pouvait être interjeté, dès le jugement rendu. Devant les autres juridictions, on demandait, à l'audience, acte de l'appel, mais en ayant soin de spécifier, par égard pour le magistrat, que l'on n'agissait que *salvis reverentia* et *honore* (1). L'appelant, parfois, s'adressait directement au juge *ad quem* et obtenait de lui un cartel d'appel. Les délais accordés pour cette voie de secours étaient de deux mois, en principe, autant pour les jugements définitifs qu'interlocutoires.

Les procureurs pouvaient, au nom de leurs clients, appeler d'un jugement interlocutoire qui faisait partie de l'instance pour laquelle ils avaient qualité, mais non des décisions définitives, car avec elles l'instance et leur mandat avaient pris fin.

La requête d'appel contenait les griefs concernant la sentence prononcée. On devait ensuite observer des délais divers, pour le transport des originaux ou des copies au tribunal *ad quem*. Les mois se comptaient de trente-et-un jours.

Le magistrat nouvellement saisi examinait si la cause était appelable, et dans ce cas, s'il devait retenir l'affaire. On ne pouvait, en seconde instance, changer des articles produits devant la première juridiction. Quand le jugement sur appel ne confirmait pas, en entier, la première sentence, les parties se voyaient condamnées à payer les dépens par moitié. Etait-elle cassée en vertu de preuves faites en seconde instance, l'appelant payait les frais de la première, l'appelé gardait les autres à sa charge. On liquidait les dépens en spécifiant la part qui revenait à tous ceux ayant concouru au jugement de l'affaire, sauf les avocats. Chacun devait donner quittance de la somme exacte qu'il touchait et non

(1) La formule de l'appel était : *cum debitis honore et reverentia, provoco et appello et peto respondéri appellationi meœ.*

pas seulement « des frais à lui dûs ». Les greffiers avaient pour le paiement de ce qui leur revenait une hypothèque tacite sur les objets contestés ; il ne pouvaient agir pour le recouvrement de ces sommes que lorsque la taxe les avait fixées, mais souvent on ne la demandait pas, pour en éviter les frais.

Les appels n'étaient reçus à Rome que si la cause principale dépassait en intérêt 500 écus. Le tribunal compétent fut d'abord celui du légat, puis, en 1693, la chambre apostolique. On pouvait ensuite s'adresser au Pape qui renvoyait les causes civiles devant la cour de la Rote romaine où trois jugements successifs étaient possibles et demandaient des délais considérables.

SECTION IV

DE L'EXÉCUTION SUR LES BIENS.

Le créancier qui faisait saisir les meubles de son débiteur pouvait en poursuivre la vente, au bout des dix jours qui suivaient ; mais il devait, préalablement, assigner le saisi.

Pour les immeubles, soixante jours séparaient ordinairement la saisie de la mise aux enchères. Ce délai se divisait en trois périodes égales : après les vingt premiers jours, une lettre d'encan était intimée au débiteur, une deuxième, après les vingt jours suivants, et puis enfin la lettre de délivrance portant que la vente se ferait à telle date, avec chandelles allumées, au plus offrant et à l'endroit habituel. Un crieur public annonçait les enchères, un greffier ou un notaire commis les dirigeait. Les ventes ne se faisaient qu'au comptant. Dans les villes autres que Carpentras, Avignon, Valréas, elles avaient lieu les jours fériés et les dimanches, après les offices divins. Une surenchère du sixième fut établie au bénéfice exclusif des communautés religieuses, mais elle devait suivre immédiatement la vente et précéder la signature de l'acte. Les notaires et avocats ne pouvaient se porter enchérisseurs sur les biens dont ils poursuivaient la réalisation.

Il fut décidé, pour assurer le prompt recouvrement des créances, que les procédures d'expropriation ne pourraient durer plus de six mois ; après ce délai, la mise en vente et les collocations avaient lieu, sauf aux créanciers à donner caution de restituer, s'il le fallait, les sommes qui leur avaient été comptées.

La contrainte par corps était admise pour les dettes. Le créancier devait assurer la subsistance du débiteur qu'il faisait incarcérer.

La cession de biens était également pratiquée ; celui qui l'effectuait se constituait prisonnier et se coiffait d'un bonnet vert ; les débiteurs de bonne foi n'étaient pas soumis à ces formalités que l'on supprima dès 1617 (1).

SECTION V

PROCÉDURES SPÉCIALES.

Dans les causes modiques, ne dépassant pas dix écus, en principe, on expédiait l'affaire sans formes et la sentence s'exécutait nonobstant appel, moyennant caution. Les procès intéressant les domestiques et les pauvres furent privilégiés. Les statuts du Comtat ordonnaient aux avocats de s'occuper, sans rétribution, des procédures les concernant. Au greffe, les actes qui leur étaient nécessaires devaient leur être remis sans qu'ils eussent à en acquitter les frais ; enfin un avocat des pauvres s'occupait de leurs intérêts et cette fonction était très considérée.

Les procès intervenant entre parents et alliés jusqu'au troisième degré, se terminaient, en principe, par des arbitrages et devaient être clôturés dans les trois mois de la nomination des arbitres.

Quand aux affaires de commerce, leur procédure était sommaire, la sentence exécutoire malgré l'appel qui en était interjeté et les délais de l'instance considérablement abrégés.

(1) B. de Saint-Bonêt. Statuts du Venaissin.

CHAPITRE II

La procédure criminelle.

SECTION PREMIÈRE

LES PEINES.

Les délits étaient punis très sévèrement, mais les dispositions répressives ne furent pas codifiées ; elles se trouvaient éparses dans les statuts et les règlements.

Le vol simple entraînait trois traits de corde, quelquefois même le bannissement. Avait-il été commis dans une maison habitée, on prononçait contre son auteur le carcan ou le bannissement à vie. Ceux qui coupaient les bourses, en un lieu public, qui étaient les domestiques de leur victime, qui pénétraient, la nuit, dans une habitation ou s'introduisaient dans le palais du vice-légat subissaient la peine de mort par la potence (1).

On ne pouvait garder sur soi des armes telles que pistolets, stylets, sous peine de mort ; mais ce châtiment avait paru excessif et le juge le réduisait toujours à son arbitre.

Le duel fut rigoureusement prohibé, conformément aux décisions du concile de Trente, par les bulles des Souverains Pontifes. Il était défendu de donner un défi, d'appeler en combat singulier, de se battre avec des armes quelconques, sous peine de confiscation, mort, excommunication majeure et privation de sépulture ecclésiastique. Les cadavres des duellistes devaient être traînés sur des claies, à travers la ville, suspendus au gibet, durant vingt-quatre heures, par les pieds et jetés ensuite à la voirie. Si l'on ne pouvait s'emparer de leur personne, les duellistes étaient exécutés en effigie et déclarés : « ignobles, infames, déchus de toutes charges, criminels de lèse-majesté ». La procédure par coutumace, avec condamnation, se pratiquait contre eux et c'était le seul cas où elle fut appliquée.

(1) Chabaud et règlements divers.

Les faux-monnayeurs expiaient leur crime par la peine capitale, également prononcée contre leurs complices.

Un règlement de 1719, très curieux, punit les jeux de hasard d'une amende de 1000 livres. La même peine était encourue par ceux qui regardaient jouer. Quant à ceux qui prêtaient leur maison, pour y établir pareille entreprise, s'ils la possédaient comme propriétaires, on la confisquait à leur préjudice ; s'ils étaient seulement locataires, ils en payaient la valeur au fisc.

On ne pouvait jouer, même à des jeux permis, avec les fils de famille, sans encourir une condamnation à cinq ans de galères, et mille livres d'amende, en plus de la restitution du gain.

L'usure entraînait les galères ou le fouet. Les règlements défendirent aux juifs, sous la même peine, de prêter aux chrétiens sur gage ou sans intérêts, tant ces sortes de conventions paraissaient suspectes.

Les vagabonds devaient être chassés du pays, marqués, à la première infraction, et, à la deuxième, ils subissaient trois traits de corde.

Quand aux homicides, on les condamnait à des supplices très cruels. L'infanticide s'expiait par la potence ; l'assassinat, par la « massole » ou la potence ; les corps des criminels étaient ensuite suspendus au gibet.

Le feu était réservé aux sacrilèges (1) et dans tous les cas, les condamnés devaient, avant de mourir, demander grâce à Dieu, au légat et au tribunal.

On absolvait les complices qui faisaient connaître les auteurs principaux d'un vol, et l'on récompensait d'une gratification ceux qui révélaient les délits très graves, sans y avoir participé (2).

(1) Les ecclésiastiques étaient jugés par leurs juridictions, pour leurs fautes professionnelles. Quant aux crimes de droit commun, s'il s'agissait d'accusations très graves, ils perdaient ce privilège et appartenaient au juge ordinaire.

(2) Une ordonnance d'Aquaviva, en 1748, promit le pardon aux complices d'un vol commis à Avignon, s'ils faisaient découvrir le coupable. Une autre ordonnance de 1761 offrait 500 livres à qui ferait connaître l'auteur d'un assassinat commis dans la même ville. (B. de Saint-Bonèt T. 2).

SECTION II

L'instance criminelle.

Une distinction était établie entre les flagrants délits et les infractions ordinaires. Lorsqu'un délit se commettait, celui qui en était témoin avait le droit d'arrêter le coupable. Le greffier le faisait emprisonner et en donnait immédiatement connaissance au juge qui délivrait le mandement d'incarcération ou relaxait le prévenu.

L'inculpé se présentait au juge libre, sans fers et les nobles s'asseyaient. On devait interroger toute personne arrêtée dans les vingt-quatre heures de l'incarcération et lorsqu'il s'agissait d'un notable, on pouvait se contenter de le garder à vue.

Un crime avait-il était découvert, en dehors des cas de flagrant délit, le plus souvent dénonciation était faite et plainte (1) portée devant le magistrat qui dressait alors une « accusation » mentionnant la date, le nom de l'accusateur et celui de l'accusé, si on le connaissait ; sinon, elle visait les coupables, en général. Elle contenait le nom du juge, la qualification du crime commis, le lieu et l'an où il avait été accompli, de telle façon que les accusés pussent pourvoir à leur défense. L'accusateur devait signer, et, anciennement, il se soumettait expressément à la peine dont il réclamait l'application, s'il n'arrivait pas à prouver la légitimité de sa dénonciation (2). Cet usage tomba en

(1) Cette plainte était définie « *alicujus criminis ad vindictam publicam facta delatio descriptione legitima interveniente* ».

(2) Voici, d'après les documents manuscrits d'Avignon, la formule de l'un de ces actes, avec communication à l'avocat fiscal qui se joint à la poursuite :

« L'an... par devant M. le Révérendiss.me auditeur général du Palais apostolique, en salle des audiences, est comparu Noble... avocat, intervenant pour et au nom de N... lequel étant domicilé en sa maison sise à..., sous les protestations accoutumées, a dit et exposé avec plainte et querelle criminelle, que le sieur X, à... Et, comme tels excès méritent punition, le dit a requis la susdite plainte, et querelle être admise, et, être informé sur ses annexes, circonstances, dépendances, pour l'information secrète être communiquée à M. l'avocat général de sa Sainteté, en cette légation, et être, ensuite, pourvu comme de droit et de raison appartiendra, et à ce conclu.

Signé.....

« M. le Révérendissime auditeur général, vu la plainte ci-devant et l'admettant comme de droit, a ordonné le contenu être secrètement communiqué, après information, à Seigneur avocat général, de sa Sainteté, et, ensuite, sur ses conclusions, pourvu comme il appartiendra.

— En la dite cause, me suis, moi, greffier, requis, transporté au palais apostolique, en l'appartement de Seigneur avocat général, et lui ai communiqué la plainte et querelle à laquelle il a déclaré se joindre dans l'intérêt du fisc, et s'est soussigné. »

désuétude et le châtiment de celui qui portait une accusation téméraire fut laissé à l'abitre du juge, à moins que les circonstances n'eussent donné à la plainte une apparence de fondement.

Si aucune dénonciation n'avait été adressée à la justice on poursuivait d'office, à moins qu'il ne s'agit de certains délits pour lesquels le chef de famille décidait seul de l'opportunité d'une répression, par exemple, pour l'adultère et le stupre.

Connaissait-on l'auteur du crime, le magistrat décernait contre lui le décret de capture (1), ou ajournement personnel et ses défenses ne pouvaient être écoutées que s'il se soumettait au décret. Il était également recommandé de ne lui délivrer auparavant aucun sauf-conduit.

Les statuts du Comté précisaient que, si étant connu, l'accusé ne pouvait être saisi, l'on devait faire, dans le lieu de sa résidence, à huit jours d'intervalle, trois citations à son de trompe. Lorsque ces formalités remplies, il ne se présentait pas, si le crime entraînait peine capitale, on procédait à la confiscation des biens de l'accusé ; un an lui était accordé pour purger sa contumace ; au bout de ce délai, ils appartenaient à la révérende chambre qui respectait cependant les droits des créanciers du coupable. Le prince, seul, pouvait lui octroyer la réintégration sans son domaine. La procédure par contumace avec condamnation, n'était usitée qu'à l'égard des duellistes, par une rigueur spéciale (2).

Le crime entraînait-il une peine de moindre importance, l'exil était prononcé contre l'auteur et l'affichage de la sentence ordonné. Après un an, on poursuivait sur les biens du condamné, le paiement des frais de l'instance.

A Avignon, l'accusé contumax était puni de l'exil et de peines pécuniaires qui, au bout d'un an, s'éxécutaient aussi sur ses propriétés. Se représentait-il dans les délais voulus,

(1) Vu la plainte précédente, et tout ce qui était à voir, je conclus à ce que N. soit pris et saisi au corps, partout où il pourra être appréhendé, lieux sacrés et communs exceptés, et traduit dans les prisons du palais, pour y répondre sur les charges résultant de la procédure, jusqu'à ce qu'il en soit autrement dit et ordonné ».
(2) Règl. de Conti. 6 mars 1658.

il payait les dépens et l'affaire reprenait son cours ordinaire.

Lorsque l'auteur du crime était inconnu, le vice-légat désignait, à Avignon, un docteur en droit choisi parmi les douze nommés, chaque année, par l'administration municipale ; il avait pour mission de prendre les mesures utiles à la découverte des coupables. Dans le Comté, le procureur fiscal du seigneur, les juges majeurs ou l'avocat fiscal étaient chargés de l'enquête et des mesures d'instruction qui devaient rester secrètes.

D'après un règlement de 1656, les hommes et les femmes étaient séparés en prison et devaient ni se voir ni se parler, sous peine, pour les geôliers, de révocation ou de trois traits de corde. Les sergents qui opéraient l'arrestation ne pouvaient fouiller les accusés, mais les geôliers devaient mentionner sur un registre spécial les objets que les prisonniers avaient en leur possession. Chaque entrée valait deux sous au gardien et des mesures sévères étaient prises contre ceux qui abusaient de leur autorité.

On avait eu pitié des longues détentions que subissaient certains accusés. Si le crime qui leur était reproché, ne présentait pas une gravité spéciale, ce temps était imputé sur la durée de leur condamnation. A Carpentras où la prison se trouve sur la voie principale, une fenêtre permettait aux prisonniers de demander l'aumône aux passants. Les Pénitents de la Miséricorde pourvoyaient à leur nourriture et à leur coucher et l'avocat des pauvres visitait les prisons assez souvent pour connaître la situation des détenus et s'informer s'ils avaient été défendus.

Dans les affaires civiles, on pouvait préparer, à l'avance, les réponses aux articles ; les accusés n'avaient pas la même faculté. Ils étaient obligés de répondre immédiatement après les questions qui leur étaient posées. On appelait constituts (1) les interrogatoires, qui étaient, disait-on, « l'histoire

(1) « L'an et le.... dans la salle des prisons, devant le Révérendissime auditeur général, présent M. l'avocat général, a comparu personnellement constitué le sieur N. (signalement complet) lequel, pris *tam quam reus quoad se et testis quoad alios,* après sommation à lui faite de dire la vérité, et averti que son serment ne l'affecte pas, mais seulement, ses complices, interrogé en ses noms, prénoms, âge et qualité, a répondu...... etc., et s'est signé après lecture ».

même des circonstances du délit », et ce nom leur venait de ce que l'accusé y était présent, constitué en personne. Les greffiers mentionnaient dans leur rédaction la date, le nom, le surnom, l'âge, la profession et le domicile ainsi que le signalement de l'accusé. Puis on lui demandait s'il connaissait le motif de sa détention et, sa réponse faite, il était interrogé sans autre règle que celle que le juge trouvait la meilleure, pour faire aboutir l'affaire et arriver à la découverte de la vérité. Il ne devait pas cependant influencer le prévenu par des interrogatoires « suggestifs ».

Dès 1726, l'accusé n'était plus tenu de répondre sous serment pour ses actes personnels. Il le prêtait seulement quand il s'agissait de renseignements à fournir sur ses complices. Les inculpés qui n'avaient pas atteint leur majorité étaient assistés d'un curateur.

Si l'accusé le demandait, on lui communiquait la querelle ou plainte. Il n'était pas permis de donner commission pour entendre des témoins ; mais cet usage prévalut et les greffiers étaient désignés pour ces mesures d'instruction. Les témoins furent contraints, même par la saisie et la confiscation de leurs biens, à faire leur déposition. Quant aux mineurs de 14 à 20 ans et aux femmes, on ne les entendait qu'à titre de renseignement (1).

En 1680, un règlement du vice-légat Nicolini astreignit les témoins appelés par l'accusé pour établir un alibi, à se constituer prisonniers. Le Pape fit opposition à cette mesure excessive qui ne reçut pas d'application.

Dès que la procédure était terminée, le juge en donnait connaissance à l'inculpé, qui pouvait prendre comme défenseur un avocat de son choix et communiquer avec lui. Le tribunal prononçait ensuite son jugement. Il absolvait parfois dans le cas de renonciation de la partie lésée, et il est probable que des abus se sont produits sur cette façon de terminer l'instance, car, des règlements des vice-légats prescrivent à

____

(1) Le père, la mère, les enfants, les parents et alliés jusqu'au quatrième degré de l'accusé étaient dispensés de témoigner.

l'avocat général de leur rendre compte des affaires susceptibles de se liquider ainsi. Mais si le cas était grave et la
peine encourue rigoureuse, on ne pouvait clôturer la poursuite de cette manière, par exemple, s'il s'agissait de blessures
laissant des traces, de mutilations, ou de coups portés par
des débiteurs à leur créancier.

Le prisonnier qui avait purgé sa condamnation, ne devait pas être détenu plus longtemps, à raison des frais de
l'instance, s'il donnait caution de les payer.

Les dépens des affaires criminelles étaient excessifs. A
l'occasion d'un procès pour injures, ils atteignirent un tel
chiffre qu'un règlement du légat se basant sur ce fait spécial (1), demanda la modification de l'état de choses existant
et il fut décrété que les causes de peu d'importance devaient
se terminer dans les deux mois, sous peine, pour le magistrat, d'être tenu de justifier son retard.

Parfois, l'accusé était absous, parce qu'il avait établi son
innocence. On le renvoyait sans dépens et il avait même le
droit de demander à l'accusateur des dommages-intérêts.

Il supportait les frais, si l'absolution n'avait lieu que faute
de preuves.

Enfin, s'il était relaxé après avoir payé au plaignant une
certaine somme, il acquittait aussi les frais.

SECTION III

LES APPELS.

L'appel était-il interjeté par le condamné, il « baillait
caution ». Mais lorsque le fisc exerçait cette voie de recours,
il ne devait pas se soumettre à cette obligation.

Le condamné avait un délai de quinze jours pour pré-

(1) En 1734, un sieur Richard ayant proféré des injures contre une demoiselle
Garcin, cette affaire de peu d'importance fut portée devant la juridiction ordinaire, à
Avignon, et la procédure atteignit mille feuillets.
 — À la suite de ce scandale, le légat attribua à des hommes compétents la mission
de réglementer la question des frais, avec sanction contre les avocats et les greffiers
qui abusaient de leur qualité pour satisfaire leur esprit de lucre.

parer sa défense, sauf prorogation, si les circonstances ou la gravité de l'accusation le nécessitaient. Les mêmes difficultés se produisaient d'ailleurs devant les tribunaux criminels qu'au civil, pour le transport des actes de première instance.

Les auteurs contemporains racontent qu'au XVIII⁰ siècle, dans la procédure se référant à un accusé de Vacqueyras, le greffier se refusa à obéir au vice-légat qui avait demandé les originaux des actes. Prise de corps fut décernée contre lui et il fut contraint de se réfugier dans la cathédrale, jusqu'au moment où la Cour de Rome lui donna raison (1).

SECTION IV

LA PROCÉDURE DEVANT LA CONGRÉGATION CRIMINELLE.

Au XVIII⁰ siècle, les affaires criminelles les plus graves furent soumises à la Congrégation, tant celles qui concernaient Avignon que celles du Comté Venaissin. L'instruction était faite par l'auditeur général fiscal, en présence de l'avocat général fiscal de la légation. La confrontation avec les témoins n'avait lieu que si l'accusé la demandait et dans ce cas, l'avocat des pauvres, ou son substitut, était présent. Après les interrogatoires et auditions de témoins, la communication de la procédure était faite à l'accusé et trois jours lui étaient donnés pour préparer sa défense.

Une conférence criminelle se réunissait ensuite, à laquelle siègeaient l'auditeur général, les deux juges de St-Pierre, l'assesseur du viguier, l'avocat général, l'avocat des pauvres et un greffier criminel. Le rapport sur l'affaire était présenté par l'avocat fiscal. Ensuite l'avocat des pauvres ou celui des prévenus prenait la parole. Parvenait-il à prouver l'innocence de son client, celui-ci était de suite mis en liberté; sinon, l'affaire était portée devant la Congrégation criminelle.

Celle-ci se réunissait au palais de la légation, sous la

(1) B. de Saint-Bonêt t. 2.

présidence du vice-légat, qui avait à sa droite l'auditeur général, le second juge de Saint-Pierre, l'avocat fiscal et le substitut de l'avocat des pauvres ; à sa gauche, le premier juge de Saint-Pierre, l'assesseur du viguier et l'avocat des pauvres. Après une brève discussion, l'avocat des pauvres et celui de la partie prononçaient leur plaidoirie ; le ministère public parlait le dernier.

L'assesseur du viguier votait d'abord, puis les juges de Saint-Pierre, l'auditeur général et le vice-légat. Le jugement se rendait à la majorité des voix.

Appel de la décision pouvait être porté à Rome, devant la Congrégation d'Avignon (1) et si les membres qui la composaient n'étaient pas unanimes, le condamné avait qualité pour demander à être entendu de nouveau, à moins que le jugement ne portât la clause : *non proponi mandavit.* En ce cas, il devait recourir au Pape qui pouvait ordonner une deuxième audience ou renvoyer à la Cour de la Rote le procès qui faisait l'objet de l'appel.

SECTION V

LA QUESTION.

Lorsqu'il s'agissait d'un crime grave, l'accusé, sur qui planaient de sérieuses présomptions, était toujours appliqué a la question. Dans Avignon, cette pratique reçut de si nombreux perfectionnements qu'il ne se rencontrait pas d'exemple d'accusé qui l'eût subie, sans se déclarer coupable. (2) Lorsqu'il avouait, cette preuve suffisait à le faire condamner. (3) La torture existait d'ailleurs à cette époque, en

(1) La formule de la requête était la suivante : L'an, et le... aux actes de cette cause, est comparu noble X, avocat, lequel a déclaré, au nom de N., appeler, comme il apelle, à N. S. P. L. P. du vœu de la Congrégation tenue aujourd'hui, ensemble de tout décret qui pourrait intervenir pour son exécution, et ce, pour les torts et griefs à déduire en temps et lieu, protestant des nullités, au cas où il serait passé outre au préjudice dudit appelant requérant acte.

(2) Cette affirmation se trouve dans une requête de 1745 où les Consuls d'Avignon demandent la suppression de la torture.

(3) Le décret de torture était ainsi conçu : « Vu les actes et mérites de la cause, ensemble le vœu et résolution de la congrégation de ce jour, *mandavi torquendum esse N. super qualitate per spatium trium quadrantium horæ reservatis judiciis decernendo.* »

France, les auteurs de l'ordonnance de 1670 ayant cru, eux aussi, que le juge devait toujours se doubler d'un bourreau.

Deux sortes de questions étaient appliquées dans le Comtat, l'une ordinaire consistait à suspendre par les poignets l'inculpé, les jambes maintenues écartées à l'aide d'un bâton et un boulet à chaque pied : c'était l'épreuve de la corde. La seconde s'appelait la veille : l'accusé était lié de façon à ne pouvoir faire aucun mouvement ; l'extrémité inférieure de sa colonne vertébrale reposait sur la pointe d'un poteau taillé en diamant avec des arêtes très vives. Ce supplice était si douloureux qu'un chirurgien et un pharmacien se tenaient auprès du patient, pour ne pas exagérer l'épreuve ; un sablier placé sur le bureau du juge servait à en mesurer la durée. Du reste, ce supplice était très peu usité et les auteurs citent, presque uniquement, le cas du dominicain Campanella qui le subit pendant trente-six heures. (1)

SECTION SIXIÈME

L'EXÉCUTION DES PEINES.

L'exécution des châtiments édictés par les dispositions pénales était empreinte de la même barbarie. En outre du bannissement et des tours de corde dont bénéficiaient les larrons, le carcan permettait de lier l'accusé, les mains derrière le dos et par un système aussi ingénieux que cruel, on l'élevait à trois ou quatre mètres de hauteur pour le laisser ensuite retomber de son propre poids jusqu'à vingt-cinq centimètres de terre : le supplice était plusieurs fois

---

(1) Nous extrayons d'un procès-verbal de torture, le passage suivant : « En conséquence, étant descendus dans la salle des tortures, N... ayant été amené, a été dépouillé, et a été ordonné de visiter s'il peut subir sans danger le supplice de la corde. Sur la réponse affirmative du chirurgien, N... a été attaché aux deux bras et, avant d'être élevé, sommé de dire la vérité, s'il veut éviter le tourment auquel il va être appliqué.........

.....Le dit auditeur général a fait mettre ensuite le sablier sur un bureau, et celui ayant commencé à couler, il a été ordonné que N... soit appliqué à la question. »
(Manuscrits d'Avignon).

recommencé. Le fouet, la marque des galères se pratiquaient également en France, où l'on ne connaissait heureusement pas la massole, ce triste vestige des mœurs italiennes : le condamné était frappé à la tempe avec un maillet, puis le bourreau suspendait à des poteaux les lambeaux de son corps. Parfois, on brûlait les cadavres pour en disperser les cendres ou bien on les plaçait dans des cages apposées aux murs de la ville, à moins que la confrérie de la Miséricorde n'obtînt la permission de les inhumer.

Cette confrérie se consacrait au soin des insensés et des prisonniers. Elle datait de 1586 et jouissait du droit de libérer, chaque année, de la peine capitale un condamné ou un accusé ayant commis un attentat entraînant le châtiment suprême. (1) Mais le bénéfice de ce privilège, ne pouvait s'appliquer à ceux qui étaient convaincus d'hérésie, des crimes de faux, de fausse monnaie, de lèse-majesté, empoisonnement ou assassinat.

A l'occasion de cette libération, une procession parcourait la ville et celui qui avait été gracié y paraissait en robe de taffetas rouge avec une couronne d'olivier.

---

(1) Ce privilège datait du 20 septembre 1596, et le premier qui en bénéficia fut un sieur Rey, de Valréas, condamné à mort pour incendie.

CONCLUSION

Des critiques fort justes furent suscitées par les défauts, certainement nombreux, de cette législation ; ils étaient du reste communs aux lois des pays voisins.

Les jurisconsultes de l'époque reprochaient à la plupart des tribunaux inférieurs de n'être composés que d'un seul juge. Non-seulement le service des audiences souffrait de l'absence de ce magistrat, mais encore il lui était impossible de pourvoir à toutes les causes portées à son prétoire. Le juge étant seul pouvait se laisser plus facilement entraîner par une idée préconçue et négliger des circonstances que ses collègues lui auraient signalées. Les assesseurs remédiaient sans doute à ce vice d'organisation, mais leur présence constituait une marque de défiance pour le magistrat qui aurait accepté plus facilement le concours d'un autre juge. Le choix des assesseurs était d'ailleurs un prétexte à longueurs dans la procédure.

S'il y avait trop peu de juges, il existait, en revanche, beaucoup trop de tribunaux. C'était un mal dont la France souffrait aussi, à ce moment. Plusieurs juridictions ayant compétence pour la même cause, le plaideur avait la garantie de pouvoir choisir entre elles ; mais cette détermination donnait souvent lieu à des discussions préjudicielles, très nuisibles à la marche de l'affaire. La possibilité d'appeler d'une décision de première instance constituait également un avantage pour les plaideurs, mais le nombre des juridictions d'appel était si grand que le remède devenait pire que le mal. Les règlements avaient essayé de corriger ce défaut, en empêchant d'user de cette voie de recours contre les jugements de peu d'importance ; mais pour ceux qui en étaient susceptibles, on comptait jusqu'à sept degrés successifs de jugement.

La judicature ordinaire de Carpentras s'était-elle, par exemple, prononcée, on s'adressait au juge des appellations. L'affaire venait ensuite devant la Cour de la rectorerie et de la légation. De là, elle était portée, à Rome, de l'auditeur de la Chambre au Pape qui commettait le tribunal de la Rote où la procédure était interminable. Dix à vingt ans, parfois, pouvaient être nécessaires, si l'on voulait épuiser les juridictions et les plaideurs préféraient sacrifier leurs intérêts, désespérant d'obtenir une solution utile. Ajoutons encore que les hauts magistrats étaient presque tous italiens, qu'ils n'entendaient pas le provençal et qu'ils laissaient à leurs greffiers le soin d'écouter les parties, d'in-terpréter leurs réponses à leur façon et de rédiger sans contrôle ce qu'elles exposaient. Lorsqu'un appel était inter-jeté à Rome, le premier soin que l'on devait avoir, c'était de faire traduire toute la procédure en italien. Des erreurs se commettaient, ayant leur influence sur la solution du procès. Aussi, les justiciables demandaient-ils l'établisse-ment dans le pays d'un tribunal supérieur qui jugeât en dernier ressort. Ils réclamaient également que les magistra-tures fussent occupées par des hommes du Comté, parce qu'ils présentaient l'avantage d'en connaitre les mœurs, les usages et la langue. (1)

Si l'organisation des juridictions premières laissait à désirer, si les degrés de l'appel étaient trop nombreux et désespéraient les plaideurs de bonne foi, la procédure elle-même ne répondait pas aux conditions que l'on pouvait en exiger.

Les actes d'instruction s'accomplissaient au greffe; il fallait en prendre connaissance et se faire octroyer dans ce but, des délais qui retardaient la procédure. Un créancier agissait-il contre un débiteur, celui-ci, par des brefs inhibi-toires, obtenait très facilement du temps et faisait dispa-raître ses biens. Devant les magistrats, le procès était lent;

(1) Bertrandi — Projet qui remporta le prix au concours des Etats pour la réforme de la justice, en 1738.

souvent la compétence du juge n'était pas suffisante, surtout dans les degrés supérieurs pour lesquels la faveur du prince tenait lieu de tous titres et enfin comme les magistratures étaient, en principe, de courte durée, si l'affaire se prolongeait, le juge qui en avait connu d'abord disparaissait et les débats devaient recommencer devant son successeur.

On pouvait faire opposition aux actes publics; il en résultait des procès longs et dispendieux, d'autant que le plus souvent il n'y avait aucun fondement à ces contestations, toutes de parti-pris. On n'exigeait de celui qui faisait opposition aucune consignation et les débiteurs de mauvaise foi ne manquaient pas d'allonger ainsi les procédures.

Quant aux frais, il faut bien le reconnaître, les greffiers et les huissiers les élevaient singulièrement. Les dépens des incidents n'étant pas séparés de ceux de l'instance principale, celui qui avait raison sur l'incident, pouvait cependant, vaincu, en définitive, supporter tous les frais. (1)

A cette même époque, en France, l'ordonnance de 1667 avait réalisé un progrès sérieux, en codifiant les règles de procédure. S'il faut en croire le procès-verbal précédant, cette ordonnance : « il s'était introduit dans la justice une
» grande corruption qu'on ne pouvait dissimuler, le relâ-
» chement des juges que les parties trouvaient le moyen de
» se rendre favorables : les procureurs étaient la cause des
» désordres de la justice, parce que leurs taxes étaient con-
» sidérables et l'on voyait leur fortune s'élever rapidement.
» Le premier conseil qu'ils donnaient aux parties, c'était
» de leur envoyer de l'argent. »

Quant aux secrétaires des juges, « ils exigeaient plus que
» leurs maîtres ». L'effet de cette ordonnance ne fut pas tout-à-fait ce qu'on en attendait. « Les procédures qui
» devaient être abrégées, se multiplièrent et occasionnè-
» rent de nouveaux frais aux plaideurs. Les délais pour

(1) D'Astier : Projet de règlement. Bibl. de Carpentras.

» juger sur la forme des procédures étaient un préalable
» qui retardait plus que jamais la solution des affaires. » (1)

Les juristes français accusèrent la Cour de Rome d'avoir
importé toutes les formes judiciaires nouvelles et compli-
quées mises en usage ; ils se plaignaient que l'on se fut
inspiré de cette législation pour : « toutes ces nuées de doc-
» teurs, licenciés, bacheliers *in utroque*, procureurs et
» notaires qui entouraient l'autel de la justice, pour mieux
» sucer ceux qui en imploraient l'assistance ».

Enfin, les difficultés résultant de la multiplicité des juridictions et de l'éloignement des tribunaux souverains donnaient lieu à des critiques violentes.

Nous ne saurions passer sous silence les détails concernant une institution du Comté très curieuse, qui n'a pas
été connue en France et qui permettait de prendre le juge à
partie, pendant un certain temps, après la cessation de ses
fonctions.

Les auteurs rapportent l'origine du syndicat à la Bible et
au prophète Samuel. (2) On le retrouve dans le droit de
Justinien. (3) La charte donnée, en 1278, par le comte de
Sicile et de Provence à cet Etat, en fait aussi mention. Ce
prince fut informé que ses officiers de Provence abusaient
de leur autorité pour satisfaire leurs exigences, et il ordonna
qu'à l'expiration de leurs fonctions, ils resteraient cinquante
jours au siège de leur magistrature, pour répondre des
plaintes qui seraient portées contre eux par leurs adminis-
trés. Les Papes maintinrent le syndicat et le règlementè-
rent.

Les magistrats annuels devaient subir ce contrôle au
moment où ils quittaient leur charge ; quant à ceux dont
la fonction était perpétuelle, le syndicat était d'abord obli-
gatoire pour eux. Il semble qu'ensuite ils n'y furent pas
soumis ou qu'ils réussirent à s'y soustraire. La période pen-

(1) D'Argenson. — Considérations sur le Gouvernement de France, p. 17.
(2) Syndicat vient de *syndicare* qui signifiait blâmer dans la basse latinité (B. de
St-Bonet).
(3) Nov. 8, cap. 9, tit. 49.

dant laquelle on pouvait syndiquer un juge, était de cinquante jours, à Avignon et dans le Comté de dix jours, à
partir de l'expiration de la fonction. On procédait à des
proclamations publiques, invitant les intéressés à se plain-
dre du magistrat, s'il avait commis des exactions. Les accusations étaient orales ou écrites et dans ce dernier cas, elles
devaient être signées de leur auteur ou de son avocat. Les
plaintes anonymes ne comportaient aucune suite. La procédure usitée à l'égard du syndiqué était sommaire. Le
pape Calixte III décida que la sentence serait exécutoire,
nonobstant l'appel qui en était porté à Rome, devant le
juge syndicateur. Les magistrats ne pouvaient, sous peine
d'une amende de trois cents écus, exercer aucune fonction,
avant de s'être soumis à cette pratique.

Lorsqu'ils entraient en charge, ils prêtaient le serment de
s'y conformer (1), et les Souverains Pontifes, dans leurs
bulles, appelaient sur ceux qui y étaient réfractaires, la
colère de Dieu et de ses apôtres.

Les syndics étaient d'abord nommés par les consuls. Ils
recevaient les plaintes et les examinaient. Quand il s'agissait d'un clerc, il n'était pas uniquement jugé par des laïques.
Le vice-légat désignait un ecclésiastique qui participait au
jugement. Plus tard, le syndicat fut exercé par les consuls
eux-mêmes.

Cette institution, qui a inspiré beaucoup d'éloges, n'a pas,
en réalité, fonctionné et n'aurait peut-être pas, d'ailleurs,
produit les résultats qu'on en attendait. Il faut beaucoup
chercher, pour rencontrer les réclamations formulées par des
Avignonnais contre l'administration de Jean Checonius,
ancien auditeur du vice-légat, qui abusa de sa qualité pour
obtenir des sommes assez considérables. On ignore du reste
quel fut le résultat de ces plaintes. L'un des anciens magistrats du Comté, au XVIIIᵉ siècle, (2) affirme que, de son
temps, on n'y prêtait aucune attention. Il n'aurait pas été

(1) Recueil des bulles. C. 23.
(2) B. de St-Bonet. T. 2 — sur le syndicat.

facile probablement d'apprécier, longtemps après la faute, ses conséquences directes ; peut-être ne l'aurait-on pas établie elle-même très commodément.

Si en codifiant, dans l'ordonnance de 1667, la procédure civile, la France avait réalisé un progrès considérable, on ne saurait rapprocher l'ordonnance criminelle de 1670 des règles suivies devant les juridictions du Venaissin, sans constater la supériorité de ces dernières. Non seulement la question était usitée en France, mais il y en avait deux sortes, l'une, dite préparatoire, qui devait amener l'aveu du coupable, l'autre, dite préalable, infligée à titre de châtiment. Elles furent enfin abolies, à la fin du règne de Louis XVI, et seulement par des mesures provisoires que la Révolution devait rendre définitives.

On comprenait singulièrement, dans l'ordonnance de 1670, la défense des accusés. L'avocat des pauvres, créé par le Comtat, les assistait dans l'information et prenait soin de leur sort pendant leur détention. L'inculpé pouvait encore s'adjoindre les secours d'un conseil privé, et on lui communiquait la procédure, de manière à lui permettre d'établir sa défense. En France, l'accusé, si son crime était de peu d'importance, recevait un défenseur. Lorsque l'imputation était grave, on ne lui donnait pas d'avocat. « Il n'en avait nul besoin, disait-on, puisqu'il ne devait répondre que sur des questions de fait, dénier ou avouer sa culpabilité ».

La législation du Comté avait été plus humaine ; elle avait compris que, si l'avocat fiscal réclamait l'application rigoureuse de la peine, il ne fallait pas empêcher l'accusé de rappeler au juge qu'il pouvait ne pas rester sourd aux mouvements de son cœur.

Il manquait au Venaissin de supprimer la torture. Cette œuvre était réservée à l'ère qui allait s'ouvrir. La France, en recouvrant le Comté, allait le faire bénéficier de ses réformes généreuses et humanitaires.

On doit cependant rendre cette justice au pouvoir des Papes, qu'ils ne furent pas ennemis du progrès, qu'ils l'encouragèrent même. Ils évitèrent l'écueil qu'eut créé l'envahissement du clergé dans le domaine temporel, et pendant les cinq cents années que dura la domination du Saint-Siège sur le Comtat, la fidélité de cette province ne sut ni varier ni se montrer inconstante envers ceux qui appelaient Avignon leur seconde fille chérie, et le Venaissin l'enclos de leurs délices.

TABLE DES MATIÈRES

Section première

Section deuxième

Sections troisième

DEUXIÈME PARTIE

CHAPITRE PREMIER

Section première

Section deuxième

Section troisième

Section quatrième

Section cinquième

CHAPITRE DEUXIÈME

Section première

CONCLUSION

———

Nîmes. — Imp. coop. ouv. LA LABORIEUSE, 7 rue Godin.